Niklaus Kuster
Konrad von Parzham

W0053803

**topos taschenbücher, Band 1115**
Eine Produktion des Verlags Butzon & Bercker

Niklaus Kuster

# Konrad von Parzham

Menschenfreund und Gottesmann

**topos** taschenbücher

**Verlagsgemeinschaft topos plus**
Butzon & Bercker, Kevelaer
Don Bosco, München
Echter, Würzburg
Matthias Grünewald Verlag, Ostfildern
Paulusverlag, Freiburg (Schweiz)
Verlag Friedrich Pustet, Regensburg
Tyrolia, Innsbruck

**Eine Initiative der
Verlagsgruppe engagement**

www.topos-taschenbuecher.de

Bibliografische Information der Deutschen Nationalbibliothek
Die Deutsche Nationalbibliothek verzeichnet diese Publikation in der
Deutschen Nationalbibliografie; detaillierte bibliografische Daten
sind im Internet über http://dnb.d-nb.de abrufbar.

ISBN: 978-3-8367-1115-9

2018 Verlagsgemeinschaft topos plus, Kevelaer
Das © und die inhaltliche Verantwortung liegen beim
Verlag Butzon & Bercker, Kevelaer.
Umschlagabbildung: © Bruder Konrad von Parzham. Walter Habdank 1994,
© Deutsche Kapuzinerprovinz München
Einband- und Reihengestaltung: Finken & Bumiller, Stuttgart
Satz: SATZstudio Josef Pieper, Bedburg-Hau
Herstellung: Friedrich Pustet, Regensburg
Printed in Germany

# Inhalt

# Ein Brief als Vorwort

Lieber Bruder Konrad,

es sind die ersten Zeilen, die ich dir schreibe. Du hast deinen Geschwistern berührende Briefe aus Altötting nach Parzham gesandt. Ich schreibe dir als Bruder in einer anderen Zeit. Zweihundert Jahre sind seit deiner Geburt vergangen. Und heute noch bewegst du Menschen, wie ein Besuch an deinem Grab zeigt.

Wie kommt es, dass du als einfacher Pförtner von der katholischen Kirche heiliggesprochen worden bist? Als erster Deutscher nach fast zwei Jahrhunderten? Dass das Kloster, in dem du gelebt hast, heute nach dir „Sankt Konrad" benannt wird? Und dass schon Päpste deine Wirkstätten besucht haben?

Hättest du solches zu Lebzeiten vorausgeahnt? Als Bauernknecht, der seine Arbeit tat und frühmorgens still zur Pfarrkirche pilgerte, im Winter täglich und im Sommer an Sonn- und Festtagen? Als unruhig Suchender, der längere Fußwallfahrten bis nach Passau auf sich nahm? Als Pförtner in Altötting, den auch Scharen von Wallfahrern nicht aus der Ruhe brachten?

Dein Leben war sowohl in der bäuerlichen wie in der klösterlichen Welt schlicht, dein Weg ist unspektakulär verlaufen und kennt nur vier Lebensorte: den Bauernhof der Familie in Parzham, das Kloster St. Anna, wo dein Kapuzinerleben begann und später durch 41 Jahre reifte, dazwischen die kurzen Einführungsphasen in Burghausen und Laufen.

Du hast nichts gebaut, hast kein Buch geschrieben und dich durch nichts anderes „verewigt", was noch heute handfest greifbar wäre. Es ist dein Leben, das über die Zeiten hinaus Botschaft ist, und dein Glaube, der dich groß erscheinen lässt. Diesem deinem Leben, seiner Kraft und seiner Ausstrahlung nachzuspüren ist Ziel dieses schlichten Büchleins.

Ich entdecke deine Welt als Bruder: Ich bin Kapuziner wie du und wie du fasziniert von der Lebenskunst, die Franz von Assisi in den Fußspuren Jesu fand. Ähnlich wie dich prägt mich die bäuerliche Herkunft, auch wenn ich selbst kein Bauernknecht war. Deine arbeitsamen Jahre auf dem Venushof erinnern mich jedoch lebhaft an die Kindheit und Jugend meiner Mutter, die als Tochter in einer Appenzeller Bergbauernfamilie aufwuchs, an das kleine Bauerndorf, in dem ich selber zur Schule ging, und an meine sommerlichen Arbeitseinsätze auf Bauernhöfen in den Voralpen und Alpen.

So sehr dein damaliges Landleben als Ackerbauer und Viehzüchter im Rottal dem Leben heutiger Bauern im Alpenraum ähnelt, wo der Maschineneinsatz noch immer rar ist, so ganz anders ist das Klosterleben geworden. Gewiss ruft auch heute noch das Glöcklein im Dachreiter zu den gemeinsamen Gebetszeiten, doch sind diese weniger zahl- und wortreich als bei euch damals. Der Tisch ist vielfältiger gedeckt, und unsere Räume sind im Winter wärmer geheizt. Die Kutten sind leichter geworden, wir reisen häufiger und tun dies auch mal zivil gekleidet. Zusätzlich zu Gebet und Arbeit findet auch die Freizeit ihre Räume, Zeit für Freunde und wertvolle Beziehungen, für eigene Hobbies, Kultur, Urlaub und Weiterbildung.

Auch der „lifestyle" der Zeitgenossen, die heute nach dir fragen, unterscheidet sich vom Leben damaliger Besucherinnen und Bittsteller an der Klosterpforte. Nur wenige sind es, die heute in unserer Gesellschaft noch physisch Hunger leiden, sich keinen Arzt leisten können, um ein Bier betteln müssen oder nach einem Beichtvater fragen. Unsere Lebens- und Sinnfragen sind andere geworden.

Auch die Kirche, die du so liebtest, findet sich heute in einer anderen Situation. Damals hatte sie sich im Kulturkampf gegen den liberalen Staat zu wehren und heute erlebt sie einen Bedeutungsverlust auf dem „Markt der Religionen", der auch in Europa immer bunter wird und zugleich immer mehr Menschen ohne Konfession und ohne Religion leben sieht.

Die Kapuziner im deutschen Sprachraum erleiden keine staatlich betriebene Ausrottungspolitik wie in der Säkularisationszeit damals, doch werden unsere Konvente im Zeichen einer stillen Säkularisierung rarer, die Gemeinschaften kleiner und die Brüder betagter. Du hast damals das neue Aufblühen der bayerischen Provinz aus der tiefsten Krise ihrer Geschichte erlebt. Wir fragen heute zusammen mit anderen Gemeinschaften nach der „Zukunft der Orden" und dem „Orden der Zukunft".

Der folgende Gang durch dein Leben, Bruder Konrad, lässt Geschichte und Gegenwart miteinander ins Gespräch kommen. Du willst – dessen bin ich mir sicher – keine Verklärung. Du hast damals beherzt in der Nachfolge Jesu gelebt und dich auf brüderliche Art dafür eingesetzt, dass Menschen sich von Glaube, Hoffnung und Liebe leiten lassen. Schon als Kind hast du gespürt, wie nah sich Himmel und Erde sein können, und noch in Alter und Leiden zeigst du, wie glücklich jemand lebt, den Selbst-, Menschen- und Gottesliebe erfüllen.

Ich mache mich auf eine spannende Spurensuche. Vielfältige Puzzleteile sollen zu einem Gesamtbild gefügt werden, das uns heute dein Leben betrachten und sein Geheimnis tiefer ergründen lässt. Ich bin mir sicher, dass deine Botschaft uns auch heute ermutigt: in einer ganz anderen Welt und Zeit. Denn der „Schatz im Acker" bleibt im Tiefsten derselbe, auch wenn der Acker selbst, seine Früchte und die Welt sich verändern.

Es werden weitere Briefe an dich folgen, die ich unterwegs durch dein Leben schreibe. Sie lassen mich von Etappe zu Etappe persönlicher bewegen, was mich an deinem Weg und deinen Erfahrungen berührt. Zeilen, die den Dialog über die Zeiten weiterführen und Geschichte ins Gespräch mit der Gegenwart bringen. Lass dich dabei vernehmen, Bruder, der du oft so wortkarg warst und doch so kraftvoll durch dein Leben sprichst!

Ich freue mich auf die Schritte mit dir – und glaube, dass du uns auch heute begleitest, vom Ziel aller Wege her. „Dass wir uns im Himmel sehen und da für immer vereint sind", hast du deinen Geschwistern immer wieder gewünscht. Du siehst uns vom Himmel her und hoffst gewiss nicht weniger als damals, dass menschliche Wege auf Erden glücken und gelingen.

In einer Hoffnung, die uns vielfältig verbindet,
mache ich mich herzlich und dankbar auf deine Wege.

Luzern, Frühling 2017,
dein Bruder Niklaus

# I. Parzham –
# Bauernleben in einer Krisenzeit

Sommer im Rottal. Niederbayern breitet seine Hügellandschaft lieblich zwischen Donau und Inn, die sich im nahen Passau vereinen. Sanft wiegen sich Getreidefelder, von Wäldern gesäumt, im warmen Wind. Auf den saftigen Wiesen weiden auch heute Kühe und jene kupferbraunen Pferde, die schon im Mittelalter bei Königen und Herren als Reittier begehrt waren. Kleine Weiler scharen behäbige Bauernhöfe da und dort um eine Kapelle. Der Name vieler Siedlungen endet auf „ham" und erinnert an die Geborgenheit, die wir Menschen uns suchen und schaffen. „Dahoam is dahoam" nennt sich eine moderne Erfolgsserie des Bayerischen Rundfunks, die seit 2007 läuft und deren Dorfgeschichten täglich weit über eine Million Zuschauer faszinieren. Konrad kam in Parzham zur Welt und war drei Jahrzehnte im kleinen Weiler zwischen den Kurorten Bad Griesbach und Bad Birnbach „da-ham".

Der Hof, der sich mit drei andern Bauernhöfen zur Siedlung Parzham verbindet, ist stattlich. Das erhalten gebliebene Wohnhaus der Familie beeindruckt mit seiner rustikalen Größe und seinen geräumigen Zimmern. Die Gesamtanlage erinnert an das weite Geviert aus Wagenschuppen, Ställen, Speichern und Haus, wie es für die Vierseithöfe niederbayerischer Bauern typisch war. Wo früher reiche Ernten an Gerste, Weizen, Obst und Kartoffeln lagerten und wo Pferde, Kühe, Rinder und Schweine in großer Zahl überwinterten, erinnern heute ein Museum mit Ausstellungsräumen zum bäuerlichen Alltag, Kapellen und eine Begegnungsstätte an Konrads Familie und

Lebenswelt. Das liebevoll gepflegte Gut heißt noch immer „Venushof". Der Name leitet sich nicht von der antiken Liebesgöttin her, sondern vom althochdeutschen Wort für Sumpfwiese (*venne*) oder Moor (*fenusz*). Das Bauerngut wird erstmals als Zinshof der Zisterzienserabtei Fürstenzell fassbar, die zehn Kilometer südwestlich von Passau lag und 1803 säkularisiert wurde. 1736 ging der Hof an den Pächter Petrus Venus, der acht Kinder hatte und das Bauerngut vor seinem Tod 1766 der Tochter Barbara übergab,die mit dem Sohn des Mühlenbesitzers Hans Pirndorfer „auf der Sag" in Bayerbach verlobt war. Der Sägmüllersohn hieß Georg und zog 1767 zu seiner Braut auf den nahen Venushof. Deren ältester Sohn Bartholomäus Birndorfer heiratete Gertraud Niedermayr aus Kindlbach. Ihr Weiler liegt am gleichnamigen Bach, der durch Parzham fließt und nach zwei weiteren Kilometern bei Bayerbach in die Rott mündet. Da zwei Großmütter des Paares, Gertraud Birndorfer-Wiser und Apollonia Niedermayr-Wiser, Schwestern waren, musste Pfarrvikar Thomas Zängl den Bischof vor der Trauung um Dispens vom Ehehindernis der Blutsverwandtschaft ersuchen. Die kleine Kirche von Weng, in der die Heirat am 24. Juli 1800 stattfand, gehörte damals noch zur Pfarrei Karpfham. Doch sollte Weng 1807 selbstständige Pfarrei werden und damit auch einen Taufstein erhalten.

Nach der Hochzeit mitten im arbeitsintensiven Hochsommer ging das junge Paar – der Jungbauer war 26 und seine schwangere Braut 21 – einer Zeit voller Strapazen und Schrecken entgegen.Wenige Wochen zuvor war die französische Rheinarmee nach Bayern vorgestoßen und verwandelte das Land nun für Jahre in einen Kriegsschauplatz. Am 18. Juni 1800 hatten die Franzosen München erobert und lagerten in der Folge mit

100.000 Soldaten in Altbayern. Stadtbürger und Bauern hatten für deren Verpflegung und Versorgung aufzukommen. Wo immer Truppen durchzogen, kam es auch zu Plünderungen, Brandschatzungen und Vergewaltigungen. Anfang Dezember schlug General Jean-Victor Moreau, ein Waffenbruder Napoleons, das österreichisch-bayerische Heer bei Hohenlinden, 100 km westlich von Parzham. Dort kam auf dem Venushof am 2. Adventssonntag mit Maria das erste Kind zur Welt. Im folgenden Februar 1801 willigte der deutsche Kaiser Franz II. in den Frieden von Lunéville ein, und seine Stammlande in Österreich ließen die Waffen ruhen. Kurfürst Maximilian IV. von Bayern verbündete sich angesichts von Napoleons Erfolgen 1805 mit dem Kaiser der Franzosen. Dessen „Grande Armée" zog in jenem Herbst mit einem Blitzfeldzug gegen Österreich, das mit 84.000 Mann in Südbayern lagerte. Napoleon siegte in Ulm, marschierte die Donau entlang gegen Wien und eroberte die Stadt vor Mitte November. Bayern unterstützte auch den weiteren Feldzug tatkräftig und kämpfte Anfang Dezember in der Dreikaiserschlacht von Austerlitz auf französischer Seite. 23.000 Soldaten blieben tot auf dem Schlachtfeld zurück, ein Siebtel der beteiligten Heere. Frankreich belohnte Bayern im Frieden von Bratislava mit Tirol und Vorarlberg, und Napoleon verlieh dem Bündnispartner an Neujahr 1806 die Königswürde. Der Herzog und Kurfürst durfte sich fortan König Maximilian I. von Bayern nennen. Er gestaltete seinen Staat mit neuen Verwaltungskreisen und modernem Beamtenwesen nach französischem Vorbild um. Auch in seinem Reich sollten Schulpflicht und Freihandel kulturell und wirtschaftlich zu einer schnellen Entwicklung beitragen.

Im Frühling 1809 kam es zu neuen Kämpfen, als die österreichische Armee nach Altötting vorstieß, vor Napoleon jedoch nach Norden auswich und unter Karl von Teschen schließlich am 22. April in der Schlacht von Eggmühl bei Regensburg geschlagen wurde. Zwangsrekrutierungen der Bayern in Tirol provozierten in jenen Wochen den Volksaufstand unter Andreas Hofer, der sich von Innsbruck aus landesweit ausbreitete. Erst im November konnte diese Erhebung nach mehreren Schlachten mit Frankreichs Hilfe gewaltsam erstickt werden. 1812 bürdete Napoleons Russlandfeldzug dem Bundesgenossen neue Lasten auf. Der bayerische König sandte 33.000 Soldaten mit gegen Moskau, von denen gerade einmal 4000 das Debakel überleben sollten. Im folgenden Jahr 1813 stellte sich Bayern den Österreichern am Inn entgegen. Erneut war die Gegend von Parzham von drückender Kriegslast betroffen: Ganze Wagenladungen von Brotlaiben und Eimern voller Bier, Säcken von Hafer, Ballen von Heu und Stroh und klafterweise Holz sowie Abgaben wertvoller Gulden waren dem Landgericht Griesbach zu liefern. Es kam dennoch zu Plünderungen. Kurz darauf wechselte Bayern erneut die Seite und schloss sich der Allianz gegen Napoleon an, gerade rechtzeitig vor der Völkerschlacht von Leipzig und am Rand des eigenen Staatsbankrotts. Der bayerische Feldherr Carl Philipp Fürst von Wrede schlug nun im Jahr 1814 siegreiche Schlachten in Frankreich. Auch nach Napoleons Sturz und der Friedensordnung am Wiener Kongress von 1815 nahm die Not kein Ende. Zwei Sommer, ein nasser und ein trockener, führten zu Missernten und Hungersnöten in Bayern, wodurch die Bevölkerung weiter verarmte.

Das Ehepaar Birndorfer versammelte in Parzham unterdessen eine muntere Schar Kinder um seinen Tisch. Maria, bereits im Dezember 1800 zur Welt gekommen, war auf den Namen ihrer Tante getauft worden. Die folgenden Kinder, Josef und

Gertraud, waren beide in der Wiege gestorben. 1804 hatte ein zweiter Josef das Licht der Welt erblickt, im folgenden Jahr ein Georg, der in jenen Zeiten voller Not ebenfalls schon früh starb. Im Frühherbst 1806 gesellte sich eine Theresia zu Maria und Josef, und Anfang 1808 kam ein Bartholomäus dazu. Sie wuchsen heran, während eine zweite Gertraud 1809 mit drei Monaten starb, worauf eine dritte Gertraud 1812 getauft wurde und gut gedieh. Im Vorfrühling 1815 kam ein neuer Georg zur Welt, lernte das Gehen und reihte sich als sechstes Kind an den Tisch, während vier Geschwister bereits auf dem Friedhof lagen. Der Sommer 1818 sorgte für reiche Ernten und führte zu einer Wende nach Hungerjahren. Vater Bartholomäus schlug mit den Knechten Holz in seinen Wäldern, um den Hof neu und größer zu bauen. Seine Frau war zugleich seit April mit einem weiteren Kind schwanger.

*Der Venushof in Parzham heute. Das ursprünglich erhaltene Wohnhaus wird von neueren Bauten umgeben, die an den Vierseitbau erinnern und heute Museum und Kapellen beherbergen.*

## II. Pfarrei Weng –
## Neuer Freiraum für die Kirche

Als das bäuerliche Jahr 1818 mit vollen Speichern in den ruhigen Advent ging, bereitete sich die Familie auf die Geburt des elften Kindes vor. Hebamme Katharina Haas half diesem am 22. Dezember kurz nach Mitternacht zur Welt, und der Vater trug das Neugeborene am folgenden Morgen von Parzham zur Taufe nach St. Wolfgang. Der Weg führte gut drei Kilometer nordwärts und an der Pfarrkirche vorbei. Josef Lind, seit zwölf Jahren Hirte der noch jungen Pfarrei Weng, zog es vor, bei der Wallfahrtskirche des heiligen Wolfgang zu residieren, da der zugehörige Hof geeigneter war. Das neugeborene Knäblein erhielt den Namen Hansl und als Patron Johannes den Evangelisten, dessen Fest wenige Tage später gefeiert wurde. Die Kirche erinnert mit einer Konrad-Statue und Wandinschrift am linken Seitenaltar an den Taufort des künftigen Heiligen, der hier drei Tage vor Weihnachten, an jenem winterlichen Dienstagvormittag um 9 Uhr zum jüngsten Gotteskind der Gemeinde gesalbt wurde. Als Pate eilte ein Bauer aus dem benachbarten Weiler Aicha herbei, Johann Hofer vom Pfandlgut.

Die bayerische Kirche litt in jenen Jahren noch immer unter einer staatlichen Religionspolitik, welche den Glauben weitgehend auf Ethik und sittsames Leben verkürzte. Dem Geist der Aufklärung und der Franzosenzeit folgend, ließ die kurfürstliche Regierung in München 1802 alle Kreuze und Bilder des „Herrgott auf der Wies" entfernen. Da Seelsorger und Gläubige auf dem Land vielerorts dem Befehl nicht nachkamen, wurde die Verordnung im folgenden Jahr erneuert, verschärft und ihre Missachtung mit einer massiven Geldbuße geahndet. Zugleich hob die Regierung die Klöster des Landes auf. So verschwand ab 1803 auch in Niederbayern der einst glanzvolle Kranz von Abteien im weiten Umfeld von Parzham, konkret die Zisterzen von Aldersbach und Fürstenzell, die Benediktinerklöster Vornbach am Inn, Asbach bei Rotthalmünster und Niederaltaich an der Donau, während das Prämonstratenserstift Osterhofen in dessen Nachbarschaft bereits vor der Jahrhundertwende aufgehoben worden war. 1804 wurden auch Prozessionen, Wallfahrten und das Rosenkrankgebet vom Staat verboten und unter Strafe gestellt. Die Kirchenpolitik aufgeklärter Herrscher wie Kaiser Josef II. und König Maximilian I. rückte alle Formen volkstümlicher Frömmigkeit pauschal in den Geruch von Aberglauben oder materieller Verschwendung und suchte sie auszumerzen. Pfarreien wurden neu eingeteilt, die Seelsorge wurde rationell organisiert, Pfarrer wurden zu Katechese und lebenspraktischer Predigt verpflichtet und Christsein wurde primär als vorbildliches Leben verstanden, den biblischen Geboten und staatlichen Gesetzen getreu – „dem Kaiser gebend, was dem Kaiser gebührt".

Zwei Tage nach der Geburt des kleinen Hansl Birndorfer wurde knapp siebzig Weg-Kilometer von Parzham entfernt vor Bayerns Südgrenze das Weihnachtslied „Stille Nacht" uraufgeführt. Den Text, der sich staunend ins Weihnachtsgeschehen vertieft, schrieb der junge Hilfspfarrer Josef Mohr, der die Verse bereits 1816 mit 24 Jahren gedichtet hatte. Dorflehrer und Organist Franz Xaver Gruber, Sohn eines Leinenwebers und fünf Jahre älter als Mohr, komponierte dazu nun die innige

Melodie am Vorabend von Weihnachten 1818, da die Orgel der Nikolauskirche von Oberndorf bei Laufen im Umbau und eine musikalisch improvisierte Gestaltung des Hochfestes notwendig war. Der anwesende Orgelbaumeister brachte das Lied in seine Heimat Fügen, wo es ein Jahr später vom Kirchenchor zur Christmette und 1822 im örtlichen Schloss vor Kaiser Franz I. von Österreich und Zar Alexander I. gesungen wurde. Vom „Tiroler Volkslied" verbreiteten sich Druckfassungen ab 1833 im ganzen deutschen Sprachraum. Es wurde bis heute in dreihundert Sprachen übersetzt, und die UNESCO zählt es seit 2011 zum Weltkulturerbe Österreichs. „Stille Nacht" atmet mit seiner innigen Tiefe sowohl die Schlichtheit der neuen biblisch geprägten Seelsorge wie auch den damaligen Widerstand gegen die von der Obrigkeit seit Jahren verordnete rationalistische Religiosität.

Dass es Bayerns religiöser Säuberungspolitik nicht gelang, mit anderen Andachten auch den volkstümlichen Rosenkranz abzuschaffen, lässt sich am Parzhamer Hansl in seiner Volksschulzeit erkennen. Spätere Zeuginnen sagen aus, der Junge hätte es geliebt, auf seinem kurzen Schulweg zu beten, und er hätte dabei auch willige Gefährten in die Praxis des Rosenkranzes eingeführt. In jenen Jahren setzte eine Lockerung der religiösen Zwangsmaßnahmen ein, die sich dem Kronprinzen Ludwig verdankt. Seine Hochzeit mit Theresia von Sachsen hatte am 12. Oktober 1810 in München die Oktoberfest-Tradition auf der „Theresienwiese" begründet. Der künftige König hatte in jungen Jahren beim Theologen Johann Michael Sailer in Landshut sowie an der Universität Göttingen Alte Geschichte und französische Literatur studiert. Im Oktober 1825 folgte er seinem Vater auf den Thron, und wenige Monate später ließ

König Ludwig I. die Ordensgemeinschaften wieder zu. Bis 1830 wurden auch die Verbote von Wallfahrten, Prozessionen, Marienandachten und Umgängen aufgehoben, worauf die katholische Volksfrömmigkeit neu aufblühen konnte.

## III. Taufe und Religion – Wozu Kindern das Schwimmen beibringen?

Lieber Bruder Konrad,

ich stelle mir vor, wie dein Vater dich an jenem Dienstagmorgen vor Weihnachten 1818 zur Taufe nach St. Wolfgang trägt, zu Fuß oder mit dem Pferdegespann durch die Winterlandschaft, und wie deine Mutter sich zu Hause von der nächtlichen Geburt erholt, bevor sie wieder an das nahende Weihnachtsfest denken muss. Deine Eltern sorgten dafür, dass du „mit Leib und Seele" Wurzeln schlugst. Von Kind auf warst du in das naturverbundene Leben einer großen Bauernfamilie verwurzelt, das im Rhythmus von Werk- und Sonntagen und im Wechsel der Jahreszeiten verlief: mit der Schöpfung Gottes vertraut und von ihr abhängig, auf das enge Zusammenspiel innerhalb der Familie und mit den Nachbarn angewiesen, dankbar für die Früchte der Erde und der menschlichen Arbeit. Doch deine Eltern sahen dich nicht nur als arbeitsamen Naturburschen aufwachsen, sondern wünschten dir auch die tiefen Wurzeln des christlichen Glaubens. Mit der Taufe ließen sie dich von klein auf ein Mitglied der Kirche sein. Wasser und Heiliger Geist machten dich zum Gotteskind, und durch die Wahl des Namens vertrauten die Eltern dich in besonderer Weise Johannes, dem Lieblingsjünger Jesu, an.

Dass Kinder kurz nach der Geburt oder in jungen Jahren getauft werden, ist heute nicht mehr selbstverständlich. Vom Glauben überzeugte und kirchlich engagierte Eltern tun es nach wie vor, doch sie sind im christlichen Mitteleuropa zur Minderheit geworden. Entscheidungsfreiheit und individuelle Selbstverwirklichung sollen heute nicht nur Berufswahl und Lebensform, sondern auch die Wahl der Weltanschauung bestimmen. „Anything goes – alles ist möglich" gilt zunehmend auch für die religiöse Ausrichtung postmoderner Menschen. Freiheit ist fraglos ein hoher Wert, und das

Da der Taufstein in der Pfarrkirche Weng steht und der Pfarrer anderthalb Kilometer davon entfernt in St. Wolfgang wohnte, taufte er hier am Marienaltar der 1411 geweihten Wallfahrtskirche. Das Taufgeschirr ist in der Sakristei erhalten: Schale und Kännchen, Wassergefäß und Salzdose sowie Behälter mit den Fläschchen für die heiligen Öle.

gilt auch für die religiöse Orientierung. Paulus schrieb schon vor 2000 Jahren: „Wo der Geist Gottes wirkt, da ist Freiheit." (2 Korinther 3,17) Die Aussage gilt auch umgekehrt: Wo Freiheit ist, kann der Geist Gottes wirken.

Mehr und mehr Zeitgenossen fühlen sich heute jedoch in einer Freiheit ohne Orientierung verloren. Wo Freiheit zur Beliebigkeit wird, macht sich als Reaktion darauf Fundamentalismus breit, politisch wie religiös. Wo alles möglich ist und alle möglichen Heilsangebote auf dem modernen „Markt der Religionen" angeboten werden, sehen sich viele überfordert. Sollten Eltern bezüglich Religion keinerlei Vorentscheidungen treffen und zuwarten, bis ihre Kinder selber eine Wahl treffen? Ich bin meinen eigenen Eltern dankbar, dass sie auch mich zur Traufe trugen und mit der Religion vertraut machten, die ihrem Leben Halt und tieferen Sinn gibt. Ich danke es ihnen, dass sie dabei keinerlei Druck ausübten. Alle meine Geschwister haben im Laufe des Erwachsenwerdens ihren eigenen Ort in der Kirche eigenständig gewählt: meine Schwester ökumenisch mit Ehemann und Kindern in der evangelischen Kirche, meine drei Brüder mit Engagements in der katholischen Kirche, im Kirchenrat, als Lektor und als Lehrer in der außerschulischen Jugendarbeit tätig. Ich selber lebe das Evangelium wie du als Kapuziner in einer Brüdergemeinschaft. Jugendgefährten haben sich religiös teilweise anders entschieden, sind aus der Kirche ausgetreten, haben ihre Religion gewechselt oder begnügen sich mit einer lockeren Kirchenzugehörigkeit. Was für euch damals als „Glaubensabfall" galt und verurteilt wurde, können wir ebenso wie den Verzicht auf die Taufe als religiöse Offenheit deuten und sorgloser einem Gott anvertrauen, dessen Menschenliebe viele Wege kennt.

Wenn du mich fragst, wie ich mich persönlich zur Taufe Neugeborener stelle – zu deiner Zeit eine Selbstverständlichkeit und heute von vielen Eltern aufgeschoben? Ich kenne Eltern, die weder sich noch ihre Kinder religiös „musikalisch" wünschen und keiner Kirche nahestehen. Hier stellt sich die Frage der Taufe erst, wenn Kinder durch Gleichaltrige christlich neugierig werden oder als Jugendliche auf Sinnsuche gehen oder im Erwachsenenalter religiös fündig werden. Wenn unsichere Eltern jedoch mit Blick auf ihre Kinder eine erste spirituelle Entscheidung treffen wollen und nach dem Nutzen von Taufe und Religionsunterricht fragen, greife ich gern zum Bild des Schwimmens. Hast du schwimmen gelernt, Konrad? In Parzhams Kindlbach war dieses Können nicht lernbar und zum Durchwaten der Rott nicht erforderlich. Wer jedoch in den Inn geriet, überlebte nur, wenn er schwimmen konnte. Heute sind Eltern froh, wenn ihre Kinder schon früh oder spätestens im Schulunterricht schwimmen lernen. Nicht, dass die Fertigkeit lebensnotwendig wäre, doch ist sie nützlich und zudem mit viel Lebenslust verbunden. Schwimmbäder und Sandstrände am Meer, Surfer- und Tauchparadiese erzählen mit allen Farben davon. Der Wert und die Nützlichkeit einer gesunden Religiosität lassen sich bildhaft als Kunst des seelischen Schwimmens bezeichnen. Viele kommen recht gut ohne diese Fertigkeit aus – solange das Leben sie nicht an Abgründe führt. Menschen mit spiritueller Tiefe und religiöser Weite können seelisch schwimmen, wo Unreligiöse in eine existenzielle Leere stürzen. Doch bieten gesunde Religionen nicht nur Antworten auf existenzielle Sinnfragen an: Dem Schwimmen ähnlich, vermögen sie außerhalb von Notlagen viel Lebensfreude zu vermitteln und tragen in reichem Maß zur Lebensfülle bei. Die christliche Religion folgt den Spuren des Rabbi Jesus von Nazaret, der das Leben in dieser Welt leidenschaftlich bejahte, Menschsein göttlich lebte und schon auf Erden „Leben in Fülle" verheißt (Johannes 10,10). Du wirst mir zustimmen, dass Religion unendlich viel mehr als Hilfe in der Not bietet. Sie taucht den schlichten Alltag in ein helleres Licht und macht die sichtbare Welt durchsichtig auf ein Du hin, das uns liebend umwirbt. Beherzt entdeckt und gelebt, führt Glaube zu Freundschaft mit Gott und mit Menschen. Als Gottes- und Menschenfreund wirst du weit über deine bayerische Heimat hinaus bekannt werden.

Es blieb nicht bei deiner Taufe: Deine Eltern haben euch Kinder in ein Leben mit Tiefe und Weite eingeführt, und du hast diese Weite und Tiefe schon als Volksschüler ganz persönlich weiter ausgelotet. Lass mich diese Spur wiederaufnehmen, wenn deine Kindheit und Jugend zunächst äußerlich näher ausgeleuchtet sind! Gespannt auf deine Erfahrung des Heranwachsens und ihre Fragen,

Niklaus

## IV. Kindheit – Freudiges Lernen und Verlusterfahrungen

Über Hansls Kindheit wissen wir nur wenig Konkretes. Als das Informativverfahren ab 1914 in Passau mit Blick auf seine Seligsprechung alle Erinnerungen sammelte und schriftlich dokumentierte, waren sämtliche Geschwister bereits verstorben, und es fanden sich gerade einmal sechs Zeitzeugen, welche den späteren Bruder Konrad in seinen Jahren auf dem Hof der Familie noch erlebt hatten. Die Schar der Geschwister, die miteinander aufwuchsen, lässt sich wie folgt beschreiben. Als Älteste setzte sich Maria an den Familientisch. Der kleine Konrad erlebte sie bereits als Erwachsene. Ihr folgte Josef, 1804 geboren und auch schon fast erwachsen, als der kleine Hansl gehen lernte. Der älteste Bruder blieb ebenso ledig wie seine jüngere Schwester Theresia, die 1806 zur Welt kam. Sie kümmerte sich aufmerksam um die Kleinsten, da die Mutter auf dem Hof und den Feldern alle Hände voll zu tun hatte. Mit Theresia blieb der spätere Bruder Konrad sein Leben lang eng verbunden. Zwei Jahre jünger als „Resl", packte der jugendliche Bartholomäus in Feld und Wald schon kräftig mit an. Für die 1812 geborene Gertraud nahte das Ende der Volksschulzeit, als der kleine Hansl das Alphabet lernte. Nur drei Jahre älter, ging Georg noch mehrere Jahre mit ihm zur Schule in Weng. Zwei Jahre nach Konrad erblickte Anna das Licht der Welt. Am 22. Mai 1820 geboren, sollte auch die Jüngste ihr Leben lang ledig bleiben, ebenso wie ihre Brüder Johannes und Georg. Das Geschick der frommen Familie wollte es, dass von acht erwachsenen Kindern gleich fünf unverheiratet blieben und dass die drei Heiratswilligen alle vor ihrer Hochzeit bereits Eltern wurden. Doch davon später.

Alois Winklhofer zeichnet in seiner kurzen Biografie ein anschauliches Bild von der Erziehung und den Sitten auf dem Venushof. Die Jahre der Not vor Johannes' Geburt prägten die Familie mit Lebensernst. Die Eltern waren bemüht, den Kindern ein gutes Beispiel zu geben und den christlichen Glauben im Alltag zu leben. Sie zeichneten sich durch Freigebigkeit aus, auch Handwerksburschen und Bedürftigen aller Art gegenüber. Das gemeinsame Beten gehörte ebenso zum Alltag wie das Arbeiten. Die Mutter lehrte bereits die Kleinen, vor dem Essen und beim Zubettgehen ihre Hände zu falten. Eine Magd und ein Knecht sagen in Passau aus, dass die Familie samt Dienstboten dreimal täglich, morgens, mittags und abends, kniend das Angelus-Gebet sprach. An Samstagen wurden jeweils alle zum Rosenkranzgebet versammelt. Dieses betete die Familie im Advent und in der Fastenzeit jeden Abend, und vor Ostern, in den letzten Kartagen, trat die Arbeit zurück, um den Rosenkranz dreimal täglich miteinander zu beten. Winklhofer malt sich das Ambiente dieses familiären Betens aus: Es geschah nicht in einer stillen Kirche, sondern auf einem Hof, auf dem im Winter die Pferde im Stall an die Planken schlugen, Kühe muhten, Schweine grunzten, Hühner gackerten und Gockel krähten.

Religiöse Ernsthaftigkeit leitete denn auch den kleinen Johannes, als er im nahen Weiler Weng zur Schule ging. Er habe es geliebt, auf dem 2 km langen Schulweg den Rosenkranz auch persönlich zu beten, erinnern sich Zeugen in Passau. Ebenso lernbegierig wie introvertiert und still, hätten ihn fluchende Schulkameraden entsetzt, und auch derbe Streiche seien ihm zuwider gewesen. Hansl wuchs im Rhythmus des bäuerlichen Jahres auf, half schon früh die Hühner und Schweine füttern, die Kühe auf die Wiesen treiben und das trockene Heu zusammenrechen. Zur Winterzeit, wenn die Tage kurz und die Abende lang werden, lauschten die Kinder in der warmen Stube den Märchen und Heiligenlegenden, die in Bayern erzählt wurden.

Mit sechs Jahren kam Hansl in die Volksschule. Das kleine Schulhaus bei der Pfarrkirche ist noch erhalten. Der Lehrer erlebte den Jungen aufgeweckt, begabt und lernfreudig. Bereits mit sieben wurden die Kinder vom Pfarrer auf die Erstkommunion vorbereitet. Im gleichen Alter erhielten sie die Firmung. Die Begegnung mit Christus in der Eucharistie sollte den künftigen Bruder Konrad sein Leben lang nähren: zunächst im bäuerlichen Alltag sonntags, im Kloster schließlich täglich. Anton Framersberger, der als Hirte der Gemeinde dem ersten Pfarrer Josef Lind 1823 nachfolgte und vierzehn Jahre in Weng wirkte, sah den heranwachsenden Johannes nicht nur an Sonn- und Festtagen zur Messe kommen. In den weniger arbeitsintensiven Wintermonaten fand sich der junge Bauer täglich auch werktags schon in aller Frühe in St. Wolfgang zum Gottesdienst ein.

Dieser zweite Seelenhirte in Wengs junger Pfarreigeschichte hatte die Familie in kurzer Folge am Grab der Eltern zu trösten. Am 14. April 1832 starb mitten im erwachenden Frühling die Mutter Gertraud, nach zwölf Geburten, Jahren der Not und im Dienst an ihrer großen Familie erschöpft, im Alter von 53 Jahren. Zwei Jahre später folgte ihr der Ehegatte ins Grab, mitten im Hochsommer, am 4. Juli 1834. Vater Bartholomäus wurde sechzig Jahre alt. Die Grabtafel der Eltern findet sich heute in der Außenwand neben der Kirchentür von Weng.

Die Johannes-Kirche von Weng und davor das Schulhaus aus dem 18. Jahrhundert: 1807 zur Pfarrkirche erhoben, wurde St. Johannes 1849 erweitert und der neue Chor nach Westen verlegt.

Nach dem Tod der Eltern wurden die Arbeiten und Zuständigkeiten auf dem Venushof neu verteilt. Der landwirtschaftliche Großbetrieb umfasste 125 Tagwerk Ackerland, dazu Wald und Wiesen, auf denen ein Dutzend Pferde und Fohlen weideten. Hansl fiel, kurz vor dem Tod der Mutter aus der Schule entlassen, zunächst die Rolle des dritten Knechtes zu. Nach dem Tod des Vaters führte bis auf Weiteres Josef als Ältester den Hof. Die jüngeren Brüder Bartholomäus und Georg gingen ihm als erster und zweiter Knecht zur Hand. Georg sollte bis zu seinem Tod im Jahr 1892 unverheiratet auf dem Hof bleiben, und als dieser in jüngere Hände ging, noch als Verwalter tätig sein: „Oekonom auf dem Venissen-Gute zu Parzham" wird auf dem Totenbildchen des 77-Jährigen stehen. Josef starb als unverheirateter Hofbauer bereits mit 59 Jahren. Bartholomäus schwängerte im Jahr 1843 noch ledig seine Geliebte Elisabeth Schwarz, die er zwei Jahre später heiratete und zu der er in den großväterlichen Weiler Bayerbach auf den Schradl-Hof zog.

Johannes hätte, erwachsen geworden, als jüngster Sohn nach geltendem Recht den Hof übernehmen dürfen. Er zog es allerdings vor, die Verantwortung in den Händen seiner älteren Brüder zu lassen. So arbeitete er als zweiter Knecht und schließlich, von seinen Schwestern gedrängt, als erster Knecht im Großbetrieb.

## V. Ering St. Anna –
## Innerlichkeit, die den Alltag prägt

Im Alter von zwanzig Jahren, als sich dem Erwachsenen die Frage seiner Zukunftsgestaltung immer dringlicher stellte, entschloss Johannes sich, eine Volksmission zu besuchen. Eine solche Intensivzeit christlicher Besinnung war für den 1. bis 8. September 1838 in Ering am Inn angekündigt, und zwar bei der gotischen Landkirche St. Anna. In der Zeit der Reformation auf einer Anhöhe erbaut, erinnerte sie als beliebtes Wallfahrtsziel an die Rettung von Schiffern aus dem nahen Inn. Vielleicht erlebte Hansl bereits im Hochsommer 1837 das große Wallfahrtsfest mit, das acht Tage dauerte und Massen von Pilgern anzog. Die sieben Weltpriester und ein Franziskaner aus dem Kloster Eggenfelden, die damals predigten, berichteten von 35.000 empfangenen Kommunionen.

In der Wallfahrtskirche St. Anna, die den kleinen Weiler und die fruchtbare Flussebene noch immer lieblich überragt, sammelten sich ein Jahr später erstmals wieder Gläubige zu einer Volksmission. Da diese Form der intensiven Glaubensbildung, Besinnung und Vertiefung aus täglichen Predigten bestand, die sich über eine ganze Woche hinzogen, war sie unter König Maximilian I. verboten worden, um die Leute nicht von der Arbeit abzuhalten. Anlass zur neuen Volksmission in Ering war das Jahrhundertjubiläum der dortigen Wallfahrtskirche, die 400 Jahre zuvor der nahen Benediktinerabtei Asbach anvertraut worden war. Geweiht war sie der legendären Großmutter Jesu, die im Volk ebenso wie Maria verehrt wurde. Ein Fresko im Chorgewölbe zeigt die heilige Anna mit zwei Kindern auf den

Armen, ihre Tochter als Mädchen gekleidet und ihren Enkel nackt, verspielt und gut genährt. Das Gnadenbild des Hochaltares zeigt Anna mit Maria und Jesus in einer Baumlandschaft.

Ein anderer Wallfahrtsort, den Johannes mit seiner Pfarrei zum Erntedank besuchte, ist Sammarei, das 12 km nördlich von Parzham liegt. Die prachtvolle fünfteilige Altarfront der Barockkirche, hinter der die 500-jährige hölzerne Feldkapelle liegt, stellt Szenen aus dem Marienleben dar. Sammarei ist eine volkstümliche Verkürzung von Sankt Marien. Über dem linken Seitenalter überrascht der Engel die Jungfrau in ihrem Haus zu Nazaret. Ein junger Bote des Himmels tritt zur Verlobten des Zimmermanns Josef. Hinter ihr steht ein Spinnrad, und auf einem Tisch in Reichweite befinden sich Strick- und Nähzeug in einem Korb. Die „San Marei" scheint mitten in der Arbeit innezuhalten und eben zu einem Buch zu greifen, als der Engel sie in Gottes Pläne einweiht. Beide Kirchen, Sammarei und Sankt Anna von Ering, hielten dem Jungbauern die Geschichte der jungen Maria vor Augen. Deren Kunst, mitten im arbeitsamen Alltag für den Himmel offen und für Gott ansprechbar zu sein, schien für den Hansl von Parzham ein Lebensthema zu werden. Als sein Vater noch lebte, wollte der Heranwachsende bei der Arbeit auf den Feldern keinen Hut tragen, weder gegen die Hitze des Sommers noch gegen die Nässe des Regens. Maria Obermayer aus Aigen erinnert sich in Passau beim Informativprozess daran, wie ihr eigener Vater dieses Verhalten dem Birndorfer Familienoberhaupt erklärte: Johannes suche überall und immer zu beten! Wie die Männer beim Betreten der Kirche den Hut abnahmen, um freien Hauptes vor Gott zu stehen, so hielt der junge Hansl seinen Kopf immer frei. In seinem Zimmer richtete er sich schon in seiner

Schulzeit einen Hausaltar ein und schuf sich so einen ganz persönlichen Ort des Gebetes, an dem er auch nachts niederknien konnte. Ein Neffe von Bruder Konrad bezeugte bei der Vernehmung in Passau, was er von seinem Vater Bartholomäus über dessen Bruder erfahren hatte: Johannes sei ein gewissenhafter Arbeiter auf dem Hof gewesen. Zugleich habe er immer einen Rosenkranz in der Hand oder in der Tasche getragen, um in allen Tätigkeiten still zu beten, die es ihm erlaubten. Um seine Sammlung auch im Stall beim Melken der Kühe und beim Füttern der Pferde nicht zu verlieren, heftete er dort nach dem Tod des Vaters religiöse Bilder an die Balken und Bretter: Sie sollten ihm helfen, sich mitten in der Geschäftigkeit immer wieder an die Passion Jesu und das Leben der Heiligen zu erinnern.

Maria und der Engel: Mitten in der Arbeit kann und möchte der Himmel Menschen berühren! Und Sonntage bieten dazu besonderen Raum. Der junge Johannes wollte den Tag des Herrn insgesamt heiligen. Seine Brüder auf dem Hof hielten ihm dazu auch den Rücken frei, sodass er sich uneingeschränkt Zeit für Betrachtung und Gebet schaffen konnte. Jahraus, jahrein pflegte Hansl sonntags eine Rundtour zu machen, die insgesamt zwanzig Kilometer Wege zu Fuß beinhaltete. Er wanderte gewöhnlich von Parzham in aller Frühe eine Stunde nach Osten, um die Frühmesse in Bad Griesbach mitzufeiern, kehrte dann zum Hauptgottesdienst in die eigene Pfarrkirche Weng zurück und pilgerte nach dem Mittagessen westwärts zur Andacht in Bad Birnbach oder alternativ dazu in die alte Pfarrkirche Karpfham unten im Rottal. Anna Schmidhuber sagt in Passau als Zeugin aus, wie Johannes in der Birnbacher Kirche betete: Wann immer er sich allein glaubte, habe er sich möglichst nahe beim Tabernakel hingekniet und sei da lange Zeit schweigend verharrt. Auf dem Heimweg von Birnbach nach Parzham lag eine Holzkapelle am Rand des Lugenz-Waldes, die ein Bild der Marienstatue von Altötting beherbergte. Auch da hätte der Bauer aus Parzham gern gebetet.

Wir wissen nichts Näheres über das, was der 20-jährige Johannes Birndorfer an der Volksmission von Ering erlebte. Während der ersten Septembertage des Jahres 1838 wanderte er von Samstag bis Samstag täglich knapp zwanzig Kilometer südwärts ins Inntal, um die Missionspredigten zu verschiedenen Themen des christlichen Glaubens und Handelns anzuhören. Fünf weitere Stunden ließen ihn auf dem Rückweg jeweils das Gehörte auf sein eigenes Leben anwenden. Johannes vertraute seiner Lieblingsschwester Theresia an, dass er bei dieser Gelegenheit auch eine Generalbeichte abgelegt hatte.

Die religiösen Intensivtage in Inntal wurden zu einer tiefgreifenden Erfahrung. Katharina Stockinger erinnert sich, dass Johannes in der Folge noch ernster als bisher und „doppelt eifrig im Gebet und schweigsam" geworden sei. Alois Winklhofer sucht in seiner kurzen Biografie Worte und Bilder, die „ein Erlebnis erschließen, das tief in ihn eingriff wie eine Hand in die Saiten einer Gitarre, wie ein Geläut, das in seine Seele drang und rief und eine Ahnung Gottes weckte, wie ein Licht, das ihm den Blick freigab auf etwas, was er bis anhin noch nicht gesehen hatte, und ihm einen unbekannten Horizont aufbrach". Der moderne Biograf zweifelt nicht daran, dass die religiöse Tiefenerfahrung ebenso beglückend wie herausfordernd gewesen sein muss: „Eine Stille des Wesens, ein In-sich-Hineinschauen und In-sich-Hineinhorchen war es, das über ihn kam, eine Lust des Betens … Erfuhr er, dass einem das

*Die gotische Wallfahrtskirche der hl. Anna von Ering auf einer Anhöhe am Rand der Inn-Ebene, von zwei Bauernhöfen flankiert. Da die Kirche nicht Tausende von Zuhörenden fasst, fanden die Missionspredigten wohl im Freien statt.*

Glück der Anwesenheit Gottes geschah, wenn man betete? Was es auch war, es sonderte ihn aus und ab. Es weckte in ihm die Liebe zur Einsamkeit, um ungestört immer auf das Eine hören und schauen zu können, was seine Seele erfüllte. Er erfuhr, dass er es auch verlieren konnte."

# VI. Aigen am Inn –
## Vom Wert spiritueller Begleitung

Während Johannes sich in den folgenden Jahren immer schweigsamer und ernster in einer inneren Sammlung übte, die keine unnützen Worte machte, niemanden verletzte und auch mitten in den Arbeiten gottverbunden bleiben wollte, ging seine Familie durch bewegte Zeiten. Bereits 1824 hatte seine älteste Schwester Maria ein Kind zur Welt gebracht und es zunächst allein auf dem elterlichen Hof aufwachsen lassen. Erst als dieses zwölfjährig war, heiratete sie 1836 den Vater, Johann Eichinger, und zog in einen gemeinsamen Haushalt auf den Hof Schwarz in Oberham. Allzu beschämend scheinen uneheliche Geburten und lediges Muttersein im katholischen Milieu jener Zeit nicht gewesen zu sein. Maria Birndorfer heiratete nach langem Zuwarten in die Verwandtschaft des späteren Jesuiten-Kardinals Andreas Steinhuber und brachte drei weitere Kinder zur Welt. Ihre Familiengeschichte erinnert an eine berührende Situation während der römischen Bischofssynode von 2015, welche Ehe, Familie und Formen gleichgeschlechtlicher Partnerschaft zum Thema hatte. Um das Idealbild einer katholischen Ehe auf die konkrete Realität zu beziehen, fragte ein Kardinal der deutschsprachigen Gruppe seine Kollegen, wer von ihnen denn in einer Familie aufgewachsen sei, die diesem Ideal einigermaßen entsprach. Und sie stellten erstaunt und befreit zugleich fest, wie viele von ihnen im eigenen Werdegang oder unter ihren Liebsten Patchwork-Familien oder alleinerziehende Mütter erlebt haben.

Bauernfamilien schienen damals im katholischen Bayern Kinder einer unverheirateten Tochter pragmatisch zu integrieren. Und es blieb bei Birndorfers nicht bei diesem einen Fall. Sieben Jahre nachdem sich Maria endlich mit dem Vater des Kindes hatte verheiraten lassen, offenbarte Bruder Bartholomäus den Seinen, dass er mit Elisabeth Schwarz von Bayerbach ein Kind erwartete – ungeplant und noch vor der Hochzeit, die erst zwei Jahre später im Jahr 1845 stattfand. In dieser Familie werden Hansl sechs Nichten und Neffen geschenkt. Zwei weitere Jahre nach dem Wegzug des Bruders zu seiner jungen Familie auf den Schradl-Hof in Bayerbach legte Gertraud nach: Sie brachte ledig in Parzham am 11. Mai 1847 Zwillinge zur Welt. Diese waren von so fragiler Gesundheit, dass beide schon früh starben. Erneut verstrich ein Jahr nach der Geburt der Kinder, bis die neu gebackene Mutter den Vater, den „Finkerl" von Amsham, heiratete und zu ihm drei Kilometer nordwärts auf den „Finkerlhof" zog. Dort blieben ihrer Ehe weitere Kinder versagt. Diese späten Heiraten der Familie, die alle im näheren Umfeld von Parzham erfolgten, lassen sich wesentlich mit dem langsamen Wirtschaftswachstum in Bayern erklären. Die Industrialisierung trat hier verzögert ein. Da die Gegend nicht reich an Rohstoffen war und abseits der großen Verkehrswege lag, blieb sie strukturarm. Die agrarisch-handwerkliche Gesellschaft auf dem Land bot nur einem Teil der jüngeren Generation so viel Einkommen, dass sich damit eine neue Familie ernähren ließ. Johannes' Geschwister mussten denn auch jahrelang warten, bis sich ihnen wirtschaftlich die Chance bot, eine eigenständige Familie zu gründen. In den Erinnerungen der Zeugen findet sich kein negatives Urteil des ernsthaften Hansl über ledige Mütter: Er wünschte sich mit

Blick auf seine Geschwister von Herzen, dass die neugeborenen Nichten und Neffen gut gediehen.

Den eigenen Hof hätte Hansl als Jüngster übernehmen dürfen. Ernste wirtschaftliche Sorgen musste er sich nicht machen. Dass seine Sehnsucht jedoch in eine andere Richtung wies und er nicht an das Gründen einer eigenen Familie denken mochte, zeigen die folgenden Jahre einer intensiven Wegsuche. Seit 1837 wirkte Simon Kutzer als neuer Pfarrer in Weng und Sankt Wolfgang. Er war als Seelsorger ebenso unsensibel wie faul, zudem unbeherrscht und streitsüchtig. Vor der Streitlust des Pfarrers blieb auch der Mesner von St. Wolfgang nicht verschont, mit dessen Sohn Michael Bernwinkler der Parzhamer Hansl eng befreundet war. Der Mangel an Eifer des Seelenhirten trieb die Bauern schließlich dazu, beim Passauer Bischof Klage einzureichen: Der Pfarrer vernachlässige die Sakramente, halte sonntags keine Frühmessen mehr und verzichte auch auf das Predigen. Pfarrer Kutzer hielt sich in Weng dreizehn Jahre, ohne sich spürbar zu bessern, und auch sein Nachfolger Häuslmeyer, der ihn 1850 ablöste, war eine pastorale Enttäuschung für die Gemeinde, deren Alltag durch harte Arbeit geprägt war und die von ihrem Hirten zu Recht Engagement für seine Herde erwartete.

Johannes Birndorfer fand denn auch anderswo einen Seelsorger, dem er sich anvertrauen konnte und der ihn auf seiner Sinnsuche begleitete. 22-jährig geworden, lernte er zwei Jahre nach der Volksmission den Benefiziaten Franz Xaver Dullinger in Aigen am Inn kennen. Wir wissen nicht, was den Parzhamer in jenes Dorf führte, das von Ering aus zehn Kilometer weiter flussabwärts liegt. Möglicherweise nahm der junge Bauer mit eigenem Pferd am beliebten Umritt teil, der jeweils zum Fest

Die Dorfgemeinde Ufhardiag in der Pfarrey Igenspach verlobten sich anhero zu den heiligen Leonhard, wegen Biehkrankheiten, aus vorbit des heiligen Leonhard sind sie widerum Glüklich be Freud worden.

Gott und den heiligen Leonhard sey Dank gesagt. 1838.

In der Leonhardskirche von Aigen am Inn findet sich diese Ex-Voto-Tafel, die kurz vor Konrads Freundschaft zu Dullinger hier angebracht wurde: Die Bauernschaft eines ganzen Dorfes dankt dem Heiligen für die Befreiung von einer bedrohlichen Viehseuche.

Der Konradsbrunnen bei der Leonhardskirche erinnert an den Ort, wo der suchende Parzhamer Bauern schrittweise seine ureigene Lebensspur fand. Das Bild zeigt Br. Viktrizius Veith aus dem Brunnen trinkend und im Hintergrund das Pfründnerhaus des Benefiziaten Dullinger.

des Kirchenpatrons Leonhard am ersten Novembersonntag stattfand und Reiter aus nah und fern anlockte. Oder eine Viehkrankheit ließ ihn hilfesuchend zum hl. Leonhard pilgern, der im Rufe stand, von solchen Seuchen zu befreien. Ursprünglich als Befreier von Gefangenen mit Ketten dargestellt, wandelte sich der heilige Abt aus Limoges in Bayern zum Bauernpatron mit Viehkette, der sich aller Nöte der Pferde und Kühe annahm.

Zu Dullinger wanderte Johannes in den folgenden Jahren mindestens zweimal pro Monat sonntags in aller Frühe, um bei ihm zu beichten und morgens um 7 Uhr die Messe mitzufeiern. Erneut sind es lange Fußwege von zweimal fünf Stunden, die ihm auf den insgesamt vierzig Kilometern des Hin- und Rückweges viel Freiräume für persönliche Besinnung offenhielten. Dullinger wurde zum Vertrauten und blieb 1840 bis 1848 der eigentliche Seelenführer des Bauern. Was früher Seelenführung hieß, nennt sich heute geistliche oder spirituelle Begleitung. Hansls Beichtvater war offensichtlich schon damals geübt in der Kunst, die auch heute neu entdeckt und von entsprechend ausgebildeten Männern wie Frauen angeboten wird: Waches Zuhören einer lebenserfahrenen, psychologisch und spirituell kundigen Begleitperson verhilft Menschen dazu, der eigenen Sehnsucht nachzuspüren und lebenspraktische Wege zu finden, um in der Selbst-, Nächsten- und Gottesliebe zu wachsen. Die Begleiter sind dabei mehr Spiegel als Ratgeber: Sie ermöglichen Suchenden, die Antworten auf ihre Fragen im eigenen Inneren und aus ihrer persönlichen Gottverbundenheit zu erkennen. Dullinger ließ dem Bauern aus Parzham Zeit: acht Jahre, um Schritt für Schritt zu erkennen, welche Berufung hinter seiner Sehnsucht steckte und auf welchem Weg er diese am besten leben sollte. Möglicherweise bekam Johannes bereits in dieser Phase jenes Buch in die Hand, in dem er später als Bruder Konrad oft las: Thomas von Kempens *Nachfolge Christi*, ein Klassiker der christlichen Literatur und eine inspirierende Hilfe, den Spuren Jesu im eigenen Lebensalltag zu folgen.

# VII. Pilgern nach Passau –
## Glaubenswege für Leib und Seele

Lieber Bruder Konrad,

in diesem dritten Brief begleite ich dich nach Passau! Dein ebenso arbeitsames wie schweigsames Leben als Bauer liebte das sonntägliche Pilgern: Alle 14 Tage bist du nach Aigen gezogen, nachts vor 2 Uhr aufbrechend, um dich mit deinem spirituellen Begleiter zu treffen und den Gottesdienst mitzufeiern, worauf du erst gegen Abend wieder nach Hause kamst. Ich stelle mir vor, wie du bei jeder Witterung aufbrichst, bei Regen oder Nebel und unter dem Sternenhimmel, und wie du heimwärts wanderst: durch Frühlingswiesen und Herbstwälder, bei Sommerhitze und durch Schnee stapfend, insgesamt vierzig Kilometer an einem Tag. Hast du diese langen Wanderungen wie Emmauswege erlebt? Auch die Jünger Jesu waren damals an Ostern einen Tag und eine halbe Nacht unterwegs. Ihr äußeres Unterwegssein hat dazu verholfen, die eigenen Gefühle und Erfahrungen zu sortieren. Auch sie hat das Gespräch zu zweit weitergebracht. Auch ihnen ist dabei ein „Dritter" begegnet, der Auferstandene selbst, der „bei uns ist alle Tage" (Matthäus 28,20) und der „bei uns bleibt" (Lukas 24,29): sichtbar im geteilten Brot und spürbar auf dem Weg zurück dahin, wo sie herkamen.

Zwischen deinen Gängen nach Aigen zweimal im Monat hast du deine sonntäglichen Rundtouren gemacht: vormittags zwischen Bad Griesbach und Weng, nachmittags nach Bad Birnbach, wenn Wege und Wetter weniger günstig waren, oder nachmittags auch mal nach Kirchham, wenn etwas längere Distanzen drin waren. Du hast dir die Kunst angeeignet, dir ganz persönliche Freiräume zu gönnen und zu sichern. Und du hast diese langen arbeitsfreien Zeiten am Sonntag nicht ausgefüllt mit Hobbies, mit allerlei Ablenkungen und Aktivitäten oder mit dauernder Kommunikation. Unsere moderne „Freizeitindustrie" – welch verräterisches Wort! – setzt auf Events, Konsum und Aktivitäten und hat selten die Innenwelt im Blick, die im hektischen Alltag oft zu kurz kommt. Du hast den Mut gehabt, dich auszuklinken: aus Arbeit und Familienleben, um deine Seele ein paar Stunden ganz frei atmen zu lassen. „Ich bin dann mal weg", sagen auch moderne Pilger, um die Freiheit äußeren Unterwegsseins mit Freiräumen für innere Wege zu verbinden. „Die Seele mal baumeln lassen" wird als Bedürfnis auch von Wohlfühloasen entdeckt – und nicht selten kommerziell verzweckt.

Erleichtert lese ich, dass du diese deine Pilgerwege nicht immer allein gegangen bist. Oft auch bei der Arbeit schweigsam, bist du deinen Zeitgenossen zunehmend als Eigenbrötler erschienen: wortkarg, still an den Gasthäusern vorbeigehend ohne einzukehren, ernst und würdig, doch auch distanziert. Als unnahbar wirst du in jenen Jahren empfunden, wenn du auch gütig und freundlich reagiertest, wo immer Menschen dich ansprachen. Zu deinen stillen und ganz persönlichen Pilgerwegen kommen Fußwallfahrten. Und diese führen uns keinen Eigenbrötler vor Augen. An ausgewählten Sonn- oder Festtagen bist du gerne nach Passau gepilgert. Zwei junge Frauen bleiben in Erinnerung, Franziska Kohl aus Griesbach und eine Freundin von Katharina Stockinger, die dich dabei als Gefährten erlebten: von Parzham über Fürstenzell, knapp 30 Kilometer bis zum Zusammenfluss von Inn und Donau. Kurz nach Mitternacht seid ihr aufgebrochen, mit nüchternem Magen, um nach 6 Stunden rechtzeitig zur Frühmesse in Maria Hilf anzukommen, vorher zu beichten und dann auch die Kommunion zu empfangen. Erst danach habt ihr eurem Magen zu essen und zu trinken gegönnt, wie das Nüchternheitsgebot der katholischen Kirche es damals vorschrieb. Gestärkt habt ihr euch nach einer Zeit persönlicher Einkehr danach wieder auf den Rückweg begeben und dieselben 30 Kilometer heimwärts zurückgelegt. Die Frauen, die dich wiederholt begleiteten, haben dich offensichtlich gemocht. Und ihr habt unterwegs wohl sicher nicht dauernd geschwiegen oder Rosenkranz an Rosenkranz gereiht. Wie sympathisch dich diese Pilgerwege nach Passau machen: Gott und menschlichen Gefährten zugetan!

Teresa von Ávila hat den wunderbaren Rat formuliert: „Tue deinem Leib Gutes, damit die Seele gerne in ihm wohnt." Unser eigener Ordensgründer hat nach Jahren übertriebener Askese zu derselben Weisheit gefunden. Thomas von Celano, sein erster Biograf, überliefert von Franziskus achtsame Worte zum Zusammenspiel von Körper und Seele. Gottesfreundschaft lehrt den Menschen, Leib und Seele in eine Harmonie zu bringen. So zitiert Bruder Thomas den Heiligen: „Sorgt für Bruder Leib mit Klugheit, damit er nicht einen Sturm der üblen Laune entfesselt. Damit es ihm nämlich nicht zu viel wird, zu wachen und im Gebet zu verharren, soll ihm jede Gelegenheit zu murren genommen werden. Er könnte sonst sagen: Ich vergehe vor Hunger ..." Franziskus' Gefährten erinnern an ähnliche Aussagen. Als Geschöpf Gottes ist der Mensch „mit Leib und Seele" in einer guten Schöpfung zur Gottesfreundschaft berufen. Dabei wird der Leib zur vertrauten „Zelle der Seele", in dem diese „lebt und meditiert". Vergänglich und verletzlich, ist der Körper das „Zelt" der Seele und das „Kleid des Geistes", solange der Mensch „Pilger und Gast auf Erden ist".

Pilgernd unterwegs an Leib und Seele durchatmen, du hast es dir immer wieder gegönnt, wenn dein bäuerliches Leben auf dem Hof und deine Pflichten dir dies auch nicht wochenlang ermöglichten, wie es sich damalige Fernpilger leisten konnten und es modernen

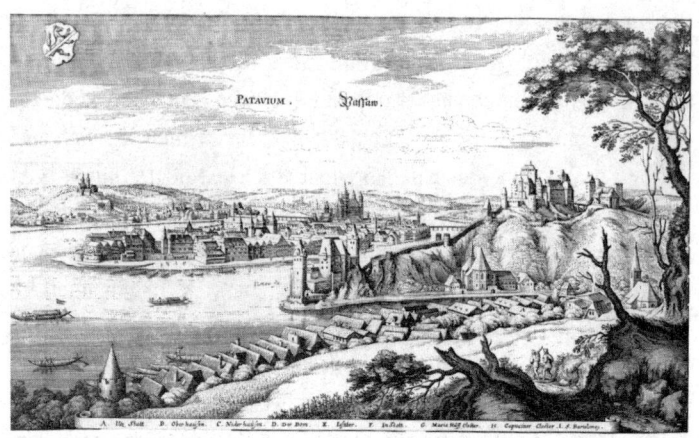

Passau – Kupferstich von Matthäus Merian, mit Konrads Pilgerziel Maria Hilf
über dem Zusammenfluss von Donau und Inn auf dem Hügel ganz links.

Menschen vergönnt ist. So gesund solche Wege körperlich, psychisch und spirituell sind, in einem Punkt sehe ich dennoch einen Raubbau an deinen Kräften. Nach anstrengenden Arbeitswochen sonntags regelmäßig schon nach Mitternacht aufzubrechen, um mit leerem Magen stundenlang zu gehen und eine entfernte Frühmesse zu besuchen, hat offensichtlich zu argen Schlafdefiziten geführt. Beim Seligsprechungsprozess kam auch ein Arbeitsunfall zur Sprache, der offenkundig eine Folge solchen Schlafentzugs war: Mit dem Rosenkranz in der einen und dem Leitseil des Pferdes in der anderen Hand hättest du an einem Sommertag einen mit Heu hoch beladenen Wagen in die Scheune bringen sollen, doch übernächtigt und ins Gebet versunken sei dir die zunehmende Schieflage der Fuhr entgangen, worauf das ganze Fuder kippte. Halb und ganz durchwachte Nächte werden dir auch später im Kloster zum Problem werden. In diesem Punkt bist du zu wenig sensibel gewesen,

Bruder Konrad: zu wenig liebevoll „Bruder Leib" gegenüber, wie Franz von Assisi das „Zelt der Seele" und das „Kleid unseres Geistes" auch zu nennen gelernt hat.

Vielleicht hast du die Bitte Jesu „Bleibt hier und wacht" und das Pauluswort „Seid wachsam und ... betet ohne Unterlass" (1 Thessalonicher 5,6.17) allzu radikal verstanden. In den Psalmen heißt es auch: „Gott gibt es den seinen im Schlaf" (Psalm 127,2) und er lässt Vertrauensvolle „sorglos schlafen" (Psalm 4,9). Ich schreibe diese Worte auch mir selber ins Stammbuch, denn oft lese oder arbeite ich bis weit in die Nacht. Manchmal ist es nicht nur für Leib und Seele gesund, sondern auch spirituell ein Gewinn, wenn Menschen mehr schlafen. Meinst du das nicht auch, wenn wir die folgenden Bibelworte beherzigen? Der Weise Jesus Sirach schreibt: „Der Schlaf des Glücklichen wirkt wie eine Mahlzeit." Kohelet preist den Schlaf des Arbeiters (Kohelet 5,11) und das Buch der Sprichwörter den Besonnenen, der sich hinlegt und „vom Schlaf erquickt" wird (Sprichwörter 3,24). Der junge Samuel wird schlafend zum Propheten berufen (1 Samuel 3). Der Stammvater Jakob und Marias Verlobter Josef erkennen im Schlaf, wie Gott handelt (Genesis 28,26; Matthäus 2,13). Wir kommen auf das Thema zurück, wenn du in Altötting lebst und dir nach strapazierenden Tagen kaum Schlaf gönnst, derart eifrig im nächtlichen Beten, dass dein Guardian mit einer resoluten Intervention einschreiten muss. Erholung ist ebenso wichtig wie Einsatz für Gott und Menschen – wenn wir unseren Weg „mit Leib und Seele" gehen.

Erlaubst du mir eine solche Mahnung im Rückblick? Du hast deine Briefe an Geschwister ja da und dort auch mahnend beendet. Und augenzwinkernd füge ich bei, dass die Mahnung auch für uns moderne Menschen gilt, die wir Nächte zum Tag machen. Dankbar auch für solche Anstöße aus deinem Leben,

Niklaus

# VIII. Altötting –
## Schritte zur Lebenswahl

Johannes Birndorfer selbst schreibt über diese Vierzigerjahre, dass sich seine innere Unruhe verstärkte und er „in der Welt" mehr und mehr „nicht ganz glücklich" sein konnte. Alois Winklhofer fragt sich, ob der Jungbauer vom Venushof mit zwanzig Jahren vielleicht auch ans Priesterwerden dachte. Ein Indiz dazu findet er in der Tatsache, dass Hansl 1837 von Pfarrer Framersberger, der vor Ort zugleich königlicher Schulinspektor war, ein Schulzeugnis anforderte. Dachte der Parzhamer Bauer bereits da an einen Klostereintritt? Oder erwog er, eine Lateinschule zu besuchen, um Priester werden zu können? Sein Großneffe Joseph Bachmeier wird später aussagen, er hätte gehört, dass Johannes schon früh ins Kloster gehen wollte, und zwar in die Benediktinerabtei Metten bei Deggendorf im Donautal, mit dem Wunsch zu studieren. Allerdings sei es nicht dazu gekommen, dass Hansl in eine Lateinschule gehen konnte. 1838 feierte Josef Niedermayr aus Bayerbach, ein Verwandter seiner Mutter, Primiz. Es fehlte durchaus nicht an Beispielen junger Männer aus bäuerlichen Familien, die trotz bescheidener Volksschulbildung den Weg zur Priesterweihe schafften. Winklhofer erinnert daran, dass 1836 ein weit entfernt verwandter Vetter seiner Schwester Maria, die eben damals in jene Sippe heiratete, vom Heimatpfarrer vorbereitet in die Passauer Lateinschule eintreten konnte, 1851 zum Priester geweiht wurde und 1907 als Kardinal Andreas Steinhuber in Rom starb. Mit welcher Absicht auch immer Johannes Birndorfer knapp 20-jährig ein Schulzeugnis verlangte und wozu es ihm hätte nützlich sein können, ist nicht eindeutig zu klären.

Während die drei heiratswilligen Geschwister alle früher als geplant Kinder in die Welt setzten und verspätet Hochzeit feierten, zeichnete sich für Johannes ab, dass er eine Form religiöser Gefährtenschaft suchen musste. In den Vierzigerjahren scheint er, von seinem Beichtvater in Aigen begleitet, verschiedene Spielarten von Spiritualität auszuloten. 1840 ließ er sich in eine Bruderschaft der nahen Pfarrei Asbach südlich der Rott aufnehmen, die sich der Verehrung der Eucharistie widmete. Ein Jahr später trat der 23-Jährige in den Dritten Orden des heiligen Franziskus ein, und zwar in die Laiengemeinschaft von Altötting. Der größte bayerische Pilgerort, dessen Patronin er in der Waldkapelle von Lugenz verehrte, liegt gut 50 km südwestlich von Parzham am Inn. Das Drittordensversprechen nach einer Einführungszeit feierte Konrad – wohl noch nichts ahnend – 1842 am Ort seines künftigen Wirkens, wohin Bauernfamilien des Rottals auch damals regelmäßig pilgerten.

Es folgen Eintritte in insgesamt zehn weitere Bruderschaften, so in die Frühmess-Versammlung von Birnbach, 1843 in die Skapulierbruderschaft der nahen Pfarrei Tettenweis und die von den Jesuiten geleitete Marianische Männerkongregation im fernen Altötting, 1844 in die Rosenkranzbruderschaft der nahen Pfarrei Kößlarn, die Kongregation Maria Verkündigung von Altötting und die Bruderschaft vom Herzen Mariens in Oberschneiding, das 65 km entfernt bei Straubing liegt. 1845 kam die Bruderschaft zum Trost der Sterbenden in der eigenen Pfarrei Weng und der Dreifaltigkeit im nahen St. Salvator hinzu. 1847 folgte der Eintritt in den Aloisius-Jugendbund von Karpfham, der Jünglinge zu höchster Keuschheit anspornte.

Das Engagement in diesen religiösen Laienvereinigungen ver-
pflichtete zu je spezifischen Gebeten und frommen Übungen.
An Johannes' Mitgliedschaften fällt auf, dass er sich sieben
Vereinigungen im engeren Umfeld von Parzham wählte, gleich
drei im Wallfahrtsort Altötting und eine noch weiter entfernt
im Bistum Regensburg. Jene Oberschneidinger Bruderschaft
wurde vom „Segenspfarrer" Franz Sales Handwercher betreut,
der im weiten Umkreis als heiligmäßig galt. In diesen elf religiösen Kreisen begegnet Johannes über die Schriften und den
Geist der gewählten Gruppierungen unterschiedlich gefärbten
spirituellen Strömungen. Die drei in Altötting angesiedelten
Vereinigungen machten ihn als Terziar mit der franziskanischen Ordensfamilie, die Marianische Männerkongregation

*Altöttings Kapellplatz zu Bruder Konrads Zeit. Im größten Pilgerzentrum
Süddeutschlands, seit der Karolingerzeit religiöser Mittelpunkt Bayerns, trat
der junge Bauer von Venushof gleich in drei Bruderschaften ein. Die 1886 ge-
druckte Ansicht zeigt die kleine Wallfahrtskapelle, die zweitürmige Stiftskirche und die Jesuitenkirche mit Kongregationssaal am linken Bildrand.*

mit den Jesuiten und die Kongregation Mariä Verkündigung mit den Redemptoristen bekannt. In der Skapulierbruderschaft lernte er zudem den Geist der karmelitischen Ordensfamilie kennen.

Half der Beichtvater in Aigen dem zunehmend unruhigen Bauern erkennen, wohin ihn seine Sehnsucht führte und welche Lebensform ihm am besten entsprach? Oder waren es Kontakte zur Drittordensgemeinde und Begegnungen in Altötting? In einer politisch bewegten Zeit entschloss Hansl sich, das Kapuzinerleben näher kennenzulernen. 1848 hatten Revolutionen verschiedene Länder Europas erschüttert. Am 20. März musste der bayerische König Ludwig I. abdanken, nachdem seine Liebesaffäre mit der irischen Sängerin Lola Montez publik geworden und es in München zu Unruhen gekommen war. Sein Sohn und Nachfolger, König Maximilian II., konnte im Juni 1849 den Pfälzer Aufstand nur mit preußischer Hilfe niederschlagen. In der Folge suchte er Bayern zur führenden Macht der Mittelstaaten zu machen und diese als dritte Kraft zwischen Preußen und Österreich-Ungarn zu positionieren. Auch auf dem Venushof wurde es in jenem Jahr brenzlig: Ein Feuer brach aus, und weil die Geschwister beim Löschen den heiligen Florian anriefen und es nicht zur Katastrophe kam, erhielt dieser „von sämendlichen Venus-Kindern von Partzham anno 1849" ein Votivbild geschenkt.

Im September jenes Jahres klopfte Johannes Birndorfer als Ordenskandidat an die Pforte des Klosters St. Anna in Altötting. Die Kapuziner ließen den 31-Jährigen zunächst als Gehilfen des Pförtners Klosterluft schnuppern. Die ersten Monate eilte er noch zivil an die Tür, wenn Pilgernde klingelten, nach einem halben Jahr in der Kapuzinerkutte ohne Kapuze und mit dem neuen Namen Bruder Konrad. Der Ordenskandidat schrieb in einem ersten Brief an seine Geschwister, dass er den Konvent mit zehn Patres und elf Brüdern sehr friedlich erlebe. Tausende von Pilgern strömten an den Gnadenort, und viele besuchten auch das Kapuzinerkloster. So sehr sich der schweigsame Bauer, der bisher auf den Feldern gearbeitet und einsame Pilgerwege geliebt hatte, an den Andrang von Menschen und die strikten Rhythmen des Klosterlebens gewöhnen musste: Die anderthalb Jahre seiner Kandidatenzeit bestärkten ihn darin, diesen Weg entschlossen weiterzugehen. Bruder Konrad reiste nach Parzham, um den heimischen Hof in Gegenwart eines Notars zu übergeben. Für 20.000 Gulden verzichtete er definitiv auf sein Recht, den Venushof zu übernehmen. Ein Viertel des ausbezahlten Erbes ließ er Armen zukommen, ein weiteres Viertel sollte den Friedhofausbau in Weng unterstützen, ein dritter Teil für die Missionsarbeit in Übersee und ein letztes Viertel für arme Pfarreien Deutschlands verwendet werden. Der Umgang mit seinem Erbteil entspricht weitgehend der Franziskusregel, von der Bruder Konrad sich künftig leiten lassen wollte: Sie erkennt eine echte franziskanische Berufung an der Bereitschaft, den Rat Jesu an den reichen jungen Mann zu beherzigen, den eigenen Besitz zu verkauften, das Geld den Armen zu geben und dem Meister mit leeren Händen zu folgen. Der Bauer vom behäbigen Hof Parzham erkannte bei seinem Verzicht auf alle Güter drei Formen von Armen: Bedürftige im eigenen Umfeld und in ganz Bayern, menschliche Armut in den fernen Missionsgebieten Afrikas und Amerikas sowie Trauernde in seiner Stammpfarrei, deren Friedhof beengend wurde. Für die Unterstützung armer Pfarreien bedachte der Ordenskandidat den eben in jenem Herbst 1849 in Regensburg gegrün-

*Wenige Meter vom alten Grabstein der Eltern, der bei der Kirchentür erhalten ist, erinnert der Grabstein des Venushofes auch an deren hier begrabene Kinder (linke Seite) und die Venushof-Erben, Konrads Großneffen Josef mit Gattin Elisabeth Bachmaier-Moser sowie deren Enkelin Crescentia Lorenz mit Ehemann Karl Rechl (rechte Seite).*

deten Bonifatiusverein: deutliches Zeichen für Aufgeschlossenheit und den Weitblick des jungen Birndorfers. (Das heutige Bonifatiuswerk dankt es dem Heiligen, indem es ihn zu seinem Mitpatron erhoben hat).

Die namhafte Spende an die Pfarrei Weng lässt sich beim Abschied von seiner Heimat auch als Zeichen der Dankbarkeit deuten: ein Dank an die Gemeinde, in der er das Christsein lernte, den Glauben feiern konnte und seine verstorbenen Eltern wie auch Tante Maria und Onkel Laurentius in die Hände Gottes legte. Auf dem mit Konrads Erbe erweiterten Friedhof wird zwölf Jahre später sein Bruder Josef zu Grabe getragen, und der neuere Grabstein des Elterngrabs führt neben dessen Namen auch die der drei weiteren Geschwister auf, die in Parzham blieben und hier starben.

## IX. Burghausen –
## Kapuziner finden aus der Krise

Das klösterliche Leben, in das Bruder Konrad sich in Altötting einzuüben begann, stand mehrfach in Kontrast zu seinem bisherigen bäuerlichen Alltag. Es war ein Wechsel vom Land in die Stadt und vom behäbigen Gutshof mit rustikalen Räumen ins Kloster mit seinen engen Zellen. Konrad war auch von der stillen Arbeit in freier Natur ins bunte Treiben eines vielbesuchten Wallfahrtsortes gewechselt. Und am Esstisch saß er nun nicht mehr mit vier Geschwistern und ebenso vielen Knechten und Mägden, sondern in einer sehr viel größeren Gemeinschaft mit bärtigen Kapuzinern. Bestimmte zuvor der Gang der Sonne den Arbeitsrhythmus, so rief nun das Klosterglöcklein mehrmals täglich zum Gebet in die Kirche und den Brüderchor. Legte der Jungbauer am Sonntag jeweils allein weite Wege zurück, so führten seine Schritte nun in knappen Freiräumen noch in die nahe Gnadenkapelle oder den Klostergarten.

So einschneidend der Wechsel von Lebensort, -gemeinschaft und -form auch ausfällt, Konrad muss sich im klösterlichen Neuland sehr schnell wohl gefühlt haben. Es gibt keine bessere Bestätigung für gewagte Lebensentscheidungen als das beglückende Gefühl nach ersten Praxiserfahrungen, einen schönen und guten Weg gewählt zu haben. Als der angehende Kapuziner nach anderthalb Jahren Erprobungszeit in Altötting den Auftrag erhielt, angesichts einer personellen Notsituation im nahen Kloster Burghausen auszuhelfen, fiel ihm der Abschied aus dem Wallfahrtskloster spürbar schwer. „Ich kann es euch nicht verhehlen", schreibt er am 25. Mai 1851 an seine Geschwister in Parzham, „dass es mir hart ankommt, diesen Gnadenort zu verlassen, wo so viele Tausende herkommen, die Gnadenmutter zu besuchen. Ich gestehe es aufrichtig, dass mir die Zeit zu kurz vorkam." Immerhin kann er beifügen, dass das neue Kloster und die Stadt Burghausen in ihm Freude wecken, wohin „ein Mitbruder, den ich herzlich liebe", ihn begleiten wird. Und bestärkt auf dem gewählten Weg fügt er bei: „Betet auch fleißig für mich, dass ich mein Ziel glücklich erreiche und ein wahrer Sohn des heiligen Franziskus werde." Noch stand der Ordenskandidat in der zweijährigen Erprobungszeit.

Kapuziner pflegten seit alters her zu Fuß von Kloster zu Kloster zu gehen und bei solchen Ortswechseln nur das Minimum des Notwendigen mitzunehmen. Ende Mai 1851 wanderte Konrad mit seinem Gefährten knapp zwanzig Kilometer nach Südosten, durch den Forst und über die Alz zur Grafenstadt, die an der Salzach die Grenze zum Salzburger Land bewacht. Die mächtige Feste auf dem Höhenzug über der Altstadt ist mit ihren über tausend Metern Länge noch heute die längste Burganlage Europas. Burghausen war durch den Salzhandel reich geworden, verlor jedoch durch Abtrennung und Wechsel des Innviertels zu Österreich seine Funktion als oberbayerische Hauptstadt. Das Kapuzinerkloster, in dem Konrad als Gehilfe des Krankenbruders erwartet wurde, ist seit dem Weggang der Brüder 1994 aktuell städtische Musikschule und Jugendherberge. Es liegt am Rand der Altstadt und unweit des Salzachufers zu Füßen der mächtigen Burg.

In den folgenden Sommermonaten pflegte der junge Ordenskandidat eine prominente Gestalt: Bruder Gabriel Engl, der vom König selbst zur Erneuerung der bayerischen Klöster aus

Tirol berufen worden war. Er hatte die Gastprovinz in den Jahren 1834 bis 1845 und 1847 bis 1848 geleitet. Nun war er alt, erschöpft und krank. Konrad dürfte in vielen Stunden der Sorge und Pflege manches aus der jüngsten Geschichte der bayerischen Kapuziner erfahren haben. Er schlief auch bei seinem Patienten in der Krankenzelle. „Er gab mir manche gute Lehre", schrieb der junge Krankenwärter seinen Geschwistern, und „er sagte mir alles, um was ich ihn nur immer fragte." Der Patient dürfte wiederholt auf die Krisenzeit zu sprechen gekommen sein, welche die Kapuziner in Bayern beinahe zum Verschwinden gebracht hätte.

Genau 200 Jahre hatte der franziskanische Reformorden in Bayern geblüht. Nach der Gründung des Klosters München im Jahr 1600 hatten die Brüder in rascher Folge weitere Klöster in Rosenheim, Landshut, Regensburg und Straubing gebaut. Wie

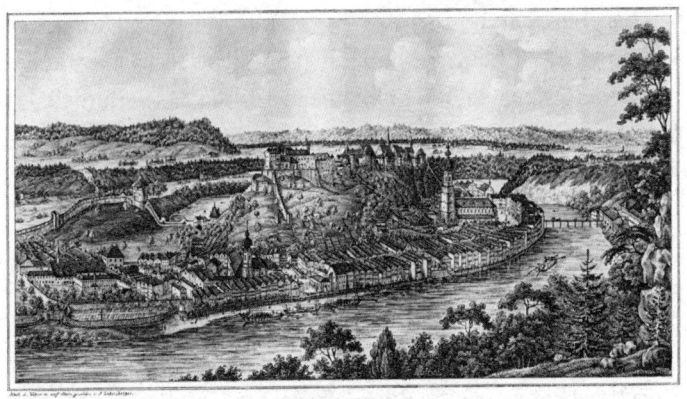

Die Stadtansicht von Burghausen aus dem Jahr 1862 zeigt die Burg und das Kapuzinerkloster – vorne ganz links am Fluss Salzach – elf Jahre nach Konrads Aufenthalt.

überall in der Zeit der katholischen Erneuerung nach dem Trienter Konzil waren Kapuziner als Volksprediger und populäre Seelsorger in den städtischen Zentren wie auf dem Land begehrt. Den ersten fünf Klöstern folgten ab 1616 weitere in Günzburg, Braunau, Dinkelsbühl, Wasserburg und Eichstätt. Durch die Wirren des Dreißigjährigen Krieges verlangsamte sich die rasche Ausbreitung lediglich. Vor Ende jenes Krieges entstanden weitere Klöster in Deggendorf, Donauwörth, Schärding, Ried und Vilshofen, kurz danach auch in Schwäbisch Gmünd und Burghausen, das 1654 gegründet wurde. Als zehn weitere Konvente dazukamen, teilte sich die Provinz 1711 in eine fränkische und eine bayerische auf. Letztere zählte auf ihrem Höchststand um 1754 insgesamt 765 Brüder und 26 Klöster sowie eine Reihe kleinerer Hospize.

Das nahezu flächendeckende Klosternetz, in dem sich Brüder in einem Tagesmarsch von einer Niederlassung zur nächsten begeben konnten, erlitt während des Klostersturms unter Kurfürst Maximilian Josef massive Einbußen: Wie allen anderen Bettelorden war den Kapuzinern ab 1799 das Sammeln des Lebensunterhaltes von Tür zu Tür und die Aufnahme von Novizen untersagt. Ein Jahr später wurden die Bettelorden ausnahmslos verboten, widerstanden jedoch der staatlich verordneten Aufhebung mit Hilfe des Volkes und einflussreicher Freunde. 1802 wurden ihre Gelder konfisziert, ihre Güter inventarisiert, jede Predigttätigkeit verboten, die Brüder durch staatliche Propaganda gezielt verleumdet und ihre Priester zum Wechsel in den Weltklerus gedrängt. Der Staat bestimmte die Konvente von Rosenheim, Burghausen und das Franziskanerkloster Altötting zu Zentral- und Aussterbeklöstern. In einem halben Jahr sank der Personalbestand der Kapuzinerprovinz auf die Hälfte, und in den folgenden 22 Jahren der Unterdrückung starben weitere 110 Patres und 22 Brüder, ohne dass neue Novizen aufgenommen werden durften. Nach den Bettelorden traf das staatliche Fallbeil 1803 auch die Stifte und Abteien der anderen Orden. Die wenigen Zentralklöster überfüllten sich mit Ordensleuten aus den aufgehobenen Konventen. Allein das Priesterhaus und das Kloster St. Anna in Altötting zählten 150 Kapuziner, die in den Zellen, Fluren und selbst auf dem Dachboden schliefen.

Burghausen war eines dieser überfüllten Sammelklöster, schonungslos auch „Krepierklöster" genannt, die in den Kriegszeiten zudem Scharen von Soldaten zu verpflegen hatten. Die Wende trat nach drei Jahrzehnten des Elends unter dem neuen König Ludwig I. von Bayern ein. Seinem Vater im Oktober auf den Wittelsbacher Thron gefolgt, ließ er 1826 die religiösen Orden wieder zu. Die Kapuzinerprovinz zählte zu dieser Zeit noch vier Klöster mit sechzig Brüdern. Das Zentralkloster in Altötting beherbergte ein Drittel davon, die meisten davon Greise. Zehn Jahre später konnte die geschwächte Provinz wiedererrichtet werden, und die noch bestehenden fränkischen Klöster wurden ihr eingegliedert. Gabriel Engl von Weithenthal war kurz zuvor als Provinzial aus Tirol berufen worden. In elf Jahren leistete er mit Unterstützung des Königs Aufbauarbeit, wanderte von Kloster zu Kloster, festigte das Gemeinschaftsleben neu, kleidete junge Novizen ein und sorgte für eine solide Ausbildung.

Die Konvente, die anfänglich fast nur noch alte, kranke und arbeitsunfähige Brüder beherbergten, verjüngten sich zaghaft. Auch die jahrzehntelang verbotene Predigt- und Seelsorgetätigkeit musste neu eingeübt und aufgebaut werden. Der zielstrebige und energische Pionier des Aufbaus blieb weit über die maximal üblichen sechs Jahre im Amt und wurde erst 1845 durch den jungen Regensburger Johannes Maria Klein abgelöst. Nach gerade einmal zwei Jahren erneut ins Leitungsamt gewählt, erkrankte er 1848 und zog sich von Altötting nach Burghausen zurück. Dorthin sandte sein Nachfolger Michael Haselbeck den jungen Parzhamer, um die Pflege der Kranken und Betagten zu unterstützen. Bruder Konrad bewährte sich auch in dieser neuen Tätigkeit. Und so konnte er sich Mitte September 1851 nach lehrreichen Sommermonaten zur eigentlichen Grundausbildung ins Kloster Laufen begeben. Der Weg dahin war in einem Tag zurückzulegen und folgte 35 km der Salzach nach Süden.

*Die Stadtansicht von Burghausen zeigt das Kapuzinerkloster im Vordergrund zu Füßen der stolzen Burg und am Rand der Altstadt.*

# X. Laufen –
# Einführung ins brüderliche Leben

Am 17. September 1851 begann für Bruder Konrad die eigentliche Lehrzeit im Kapuzinerorden. Zusammen mit anderen Novizen, wie die Neulinge bis heute genannt werden, lernte er in der Obhut eines erfahrenen Meisters die franziskanische Form der Christusnachfolge vertieft kennen. Neben den verschiedenen Arten des Gebetes und der Betrachtung sowie der Geschichte des Ordens, seiner Tätigkeiten und seiner Heiligen gehörte auch eine Aus- und Fortbildung in praktischen Aufgaben zu dieser Einführungszeit. Konrad wurde dem Klostergärtner zugeteilt und arbeitete damit wieder unter freiem Himmel, säte und jätete, hegte Pflanzen und erntete die Früchte der Erde. Der feste Tagesablauf mit seinen regelmäßigen Gebets- und Essenszeiten verlief im Unterschied zum bäuerlichen Leben jedoch sehr viel strikter und im Vergleich zu Konrads früherer Praxis ausgeglichener. Bereits in seinem Weihnachtsbrief von 1849 aus Altötting teilte Konrad seinen Geschwistern mit, dass ihm die tragenden Rhythmen von Gebet, Arbeit und Erholung guttaten. Damals musste er sich noch „daran gewöhnen, unter so vielen Brüdern zu sein, denn ich war zu furchtsam".

Das Noviziatsjahr ließ keinerlei Reisen und auch keine familiären Besuche zu. So bat Bruder Konrad in seinem vierten Brief nach Parzham im Februar 1852, seine Geschwister möchten ihm doch zwei Bücher senden. Das eine hatte er offenkundig bereits verwendet und zurückgelassen. Verfasst von Telesphor Gali, hieß es *Himmlische Schatzkammer für bußfertige See-*

len, eröffnet zum Lobe der göttlichen Erbarmung, zur Ehre der triumphierenden, zum Troste der streitenden, zur Hülfe der leidenden Kirche. In Graz 1834 erschienen, handelt es sich um eine Sammlung von Gebeten für Morgen und Abend, verschiedene Andachten und die damals noch lateinischen Gottesdienste. Ein zweites Buch muss Konrad neu begegnet sein, und er bat seine Geschwister, es für ihn beim Buchbinder in Bad Griesbach zu besorgen. Offensichtlich hatte er sich da früher bereits selber Bücher besorgt. Der gewünschte Titel, 1846 in Regensburg gedruckt, war *Maria, meine Zuflucht und mein Trost!* – ein „Lehr- und Gebetsbuch für Verehrer" der Jungfrau und Gottesmutter, von Michael Sintzel gesammelt und mit Stahlstichen illustriert. Konrad wünschte sich die dritte Auflage, gut gebunden, doch

Kloster Laufen – langjähriger Ausbildungsort der bayerischen Kapuziner. Zeichnung des Kapuziners Petrus Niedermeier

ohne Goldschnitt. Im gleichen Brief ließ der Novize die Schwarzhof-Töchter in Oberham grüßen, seiner Schwester Marias Kinder, und dankte seinen Geschwistern für zugesandte Bilder. Erneut hielt er fest, „dass es mir gut geht. Ich lebe recht zufrieden in Gott und verlange mir nicht mehr in die Welt hinaus". Er hoffte, das Noviziatsjahr der Erprobung zu bestehen, und bat die Seinen, „dass ich nicht nur dem Kleide nach, sondern dem Geiste nach ein wahrer Kapuzinerbruder werde: denn als solcher ist gut leben und sterben".

Als Lehrmeister, der die Neulinge ins Ordensleben einführte, amtete Stanislaus Schuster, ein Württemberger. Konrad blieb ihm über diese Zeit hinaus dankbar und wählte ihn später, zurück in Altötting, zu seinem Beichtvater und geistlichen Begleiter. Laufen beherbergte vor seiner südlichen Mauer das dritte Kloster, in dem Bruder Konrad lebte. Das ebenfalls mittelalterliche Städtchen war durch den Salzhandel reich geworden, nun Grenzort zu Österreich und durch eine Brücke über die Salzach mit jenem Oberndorf verbunden, aus dem das Lied „Stille Nacht" stammt.

Am Ende seiner Lehrzeit bereiteten sogenannte „Professexerzitien" – spirituelle Intensivtage – auf die Ordensgelübde vor. Vermutlich stammt ein Blatt von Konrads Hand mit schriftlich formulierten „Vorsätzen" aus dieser unmittelbaren Vorbereitung auf die definitive Lebensentscheidung. Es handelt sich um ein geistliches Lebensprogramm für die persönliche Zukunft. Das Dokument ist umso wertvoller, weil es danach zwölf Jahre dauert, bis Konrad 1864 in einem fünften Brief an die Geschwister wieder Einblicke in sein äußeres Ergehen und inneres Unterwegssein gibt. Am 4. Oktober 1852, Festtag des Ordensgründers Franz von Assisi, nahm der Provinzial Michael Haselbeck von Straubing, im Jahr zuvor für eine zweite Amtsdauer wiedergewählt, die Ordensversprechen der Novizen entgegen. Er teilte dem Neuprofessen Konrad mit, dass die Provinzleitung ihn in Altötting einzusetzen beschlossen habe. Er solle dort das Amt des Pförtners übernehmen. Die Aufgabe war überaus verantwortungsvoll, denn das Wallfahrtskloster hatte die am meisten exponierte und besuchte Pforte der ganzen Provinz. Und es gab ältere, geübte und bewährte Pförtner in den bayerischen Klöstern, welche die Altöttinger Klosterpforte gerne übernommen hätten. Michael Haselbeck, selbst einmal Novizenmeister, zeigte mit dieser Er-

*Das Kapuzinerkloster, lange Zeit Ausbildungsort der bayerischen Provinz, wurde nach dem Wegzug der letzten Brüder 1993 in das Hotel „Kapuzinerhof" mit Tagungsstätte und Begegnungsräumen umgewandelt. Das Foto zeigt die Klosteranlage heute.*

# Tafel I

Johannes Birndorfer arbeitet als Jungbauer auf seinem elterlichen Hof in Parzham, den er zusammen mit seinen Geschwistern Josef, Theresia, Georg und Anna bewirtschaftet. Als jüngster Sohn dürfte er den großen Gutsbetrieb übernehmen, zieht es allerdings vor, erster Knecht zu bleiben.

# Tafel II

Werktags arbeitsam auf seinen Feldern, sonntags besinnlich unterwegs zu ausgewählten Kirchen und bisweilen auf längeren Wegen. Mit Gefährtinnen trifft Hansl hier in Mariahilf ein, das bei Passau über dem Zusammenfluss von Donau und Inn liegt.

# Tafel III

Mit seiner Kutte erhält der neue Kapuziner seinen Ordensnamen Konrad. Dieser erinnert an Bruder Corrado Confalonieri aus Piacenza, der in Sizilien als Einsiedler lebte und mit seiner Menschenliebe beeindruckte. Konrad wird ihm als inniger Beter und im Einsatz für Bedürftige nacheifern.

# Tafel IV

Nach seiner Lehrzeit in den Klöstern Burghausen und Laufen wird Konrad Pförtner in Altötting, an der „anstrengendsten Klosterpforte von ganz Bayern". Wallfahrer und Besucherinnen halten ihn an langen Arbeitstagen auf Trab.

# Tafel V

*Bruder Konrad beginnt seinen Tag in der tausendjährigen Wallfahrtskapelle von Altötting, wo er jeden Morgen in der Frühmesse den Altardienst übernimmt. Der Blick auf die Gottesmutter mit Kind ermutigt ihn, wie Franz von Assisi „den Fußspuren Jesu zu folgen".*

An der Klosterpforte begegnet Konrad von morgens bis abends unterschiedlichsten Menschen und vielen Nöten. Er teilt beherzt mit Armen, Handwerksburschen und Schulkindern, was Brüder im Kloster backen, brauen und
kochen.

# Tafel VII

In Tagen voller Begegnungen zieht Konrad sich nahe beim Pfortenzimmer in eine kleine Gebetszelle zurück, die ihm den Blick in die Kirche freigibt. Sie wird zum Ort seiner innersten Einkehr. Hier kann er durchatmen, die anvertrauten Sorgen und Nöte der Menschen vor Gott bringen und für schöne Erfahrungen danken. Hier betet er auch schweigend aus tiefstem Herzen, „wie ein Kind zu seinem Vater spricht".

Schon zu Lebzeiten sahen viele Menschen im gütigen Pförtner einen Heiligen. Papst Pius XI. erklärte ihn vierzig Jahre nach seinem Tod zum Vorbild christlicher Menschenliebe und Gottesfreundschaft. 1980 kniete mit Johannes Paul II. ein erster Papst an Konrads Grab. Ihm tat es Benedikt XVI. 2006 gleich, als der in Altötting auf heimischem Boden empfangen wurde.

nennung des Neulings großes Vertrauen und mutete dem 34-Jährigen zugleich einiges zu. Konrad hatte nach seinem Fußmarsch zurück an den Inn nicht nur den Andrang von bis zu 200 Besuchern täglich zu meistern, die Gegenstände zum Segnen brachten, bei einem Kapuziner beichten wollten, hungrig und durstig waren oder andere Nöte und Anliegen mit sich trugen. Die Gemeinschaft, der er zugeteilt wurde, hatte sich in den drei Jahren verändert – und einige Brüder empfingen den neuen Pförtner mit Neid. Selbst der Guardian, Lukas Fischbacher aus Albaching, machte ihm den Anfang schwer. Von ihm ist die üble Aussage überliefert, die er dem neuen Pförtner vor allen Brüdern an den Kopf warf: „Bruder Konrad soll sich merken, dass er bei uns das Gnadenbrot isst!" Seinem späteren Mitbruder und langjährigen Gehilfen an der Pforte, Bruder Gilbert Spiegel, vertraute er denn auch das Bekenntnis an, dass dieser Anfang in Altötting „ein harter" war.

# XI. Wegmarkierungen –
## Damit das Miteinander gelingt

Lieber Bruder Konrad,

deine elf Vorsätze gehören zum Persönlichsten und Kostbarsten, das von dir überliefert ist. Nach der intensiven Grundausbildung in Laufen hältst du mit Blick auf deine Lebensentscheidung fest, was dein brüderliches Leben prägen, erfüllen und leiten soll.

Als Erstes nimmst du dir vor, dich „allezeit in die Gegenwart Gottes zu stellen". Schon als Jugendlicher und Jungbauer hast du nie einen Hut getragen, um überall freien Hauptes vor Gott zu stehen, selbst bei der Arbeit auf flimmernden Feldern und in strömendem Regen. Auch im Kloster soll Gott dir jederzeit zuschauen dürfen, und du nimmst dir vor, dich an allen Orten mit ihm zu verbinden. Die Sehnsucht nach innerer Wachheit und ungetrübter Achtsamkeit leitet auch moderne Menschen. Viele Lehrer der Kontemplation bieten dazu Kurse und Orte der Stille an. Du erinnerst daran, dass wichtiger als jede meditative Technik eine Grundhaltung des Herzens ist: der Wunsch nach unzertrennlicher Gottesfreundschaft.

Als Zweites sollen dir Erfahrungen von Leid und Schmerzlichem die Frage stellen: „Konrad, wozu bist du da?" Jesus selbst erfuhr auf dem Kreuzweg menschliche Solidarität: in Frauen, die mitgingen und seinen Schmerz teilten, im dargebotenen Schweißtuch der Veronika und in Simons tatkräftigem Mittragen des Balkens. Im dritten Vorsatz fokussierst du dich auf deinen Lebensort: kein unnötiges Reisen und keine Wege außerhalb des Klosters, es sei denn „aus Liebe zum Nächsten" oder für die Brüder, „um der Gesundheit willen" oder pilgernd. Das Umherschweifen kann Flucht sein: vor uns selbst, aus Beziehungen oder vor dem Wesentlichen. Seit deiner Jugend kennst du heilsames Unterwegssein: Wege, die gesund für Leib und Seele sind, die pilgernd mit Gott und Gefährten verbinden oder auch Wege, um anderen Menschen Gutes zu tun. Als Viertes willst du die „Bruderliebe" in dir und anderen wahren. Die Art, über andere zu reden und mit menschlichen Schwächen umzugehen, soll nie lieblos sein, niemanden verletzen und Beziehungen nicht überschatten. Dein fünfter Vorsatz will die Stille schützen und im Stillschweigen Raum schaffen für achtsames Sprechen und innere Gespräche mit dem göttlichen Du.

Als Sechstes nimmst du dir vor, nur bei Tisch zu essen und dabei nicht gefräßig zu sein. Das moderne Problem der Überernährung in Europa, übergewichtiger Kinder und vielfältigen Suchtverhaltens stellte sich euch damals noch nicht. Besorgte Ärzte und ökologisch Sensible fordern heute eine heilsame Konsumaskese: eine maßvolle und gesunde Ernährung, welche die Umwelt nicht belastet, Tieren kein Leid zufügt, für Lebensmittel faire Preise bezahlt und sich in einem Teilen übt, das weltweit gerecht über die Güter der Schöpfung verfügt. In deinem Vorsatz klingt die Askese von damals mit. Die unsere steht heute stärker im Zeichen eigener Gesundheit, menschlicher Gerechtigkeit und der Liebe zur Schöpfung. Dein siebter Vorsatz gilt der Pünktlichkeit: Wenn immer möglich, willst du zum gemeinsamen Beten „gleich gehen, sobald mich das Glöcklein ruft". Pünktlichkeit ist überall hilfreich, und Verlässlichkeit verbindet, wo Menschen miteinander leben und zusammenwirken: da sein, wo ich erwartet werde – von Mitmenschen, Gefährten und Gott selbst, es nährt die Gemeinschaft, die mich trägt.

Dein achtes Augenmerk gilt deinen Augen: Du willst sie „im Zaume halten" speziell „im Umgang mit dem anderen Geschlecht". Das erinnert mich an einen Disput in meiner Provinz zwischen einem alten Bruder Schreiner und einem ängstlich verklemmten Beichtpriester: Letzterer riet, sich auf Distanz zu jeder Frau zu halten und Frauen auch nicht in den Blick zu nehmen. Bruder Maurus erwiderte: Wie soll ich mich wie Franziskus an der ganzen Schöpfung freuen, alle Geschöpfe Gottes lieben – und Gottes Töchter übersehen? Ich lese deinen Vorsatz nicht frauenfeindlich, sondern selbstkritisch: Wie gehe ich um mit Menschen, die mir gefallen und mich bezaubern? Dein neunter Vorsatz handelt vom Eigenwillen. Willenskraft ist eine Gabe des göttlichen Geistes, der in uns wohnt. Sie wird dann zum Problem, wenn Menschen um sich selber kreisen und das eigene Wollen über andere stellen. In heutigen Worten würde dein Vorsatz heißen: Ich engagiere mich für das Miteinander und trage meinen Teil dazu bei, dass es gelingt – in welcher Lebensgemeinschaft auch immer.

Dein zehnter Vorsatz beherzigt, dass „auch die Kleinigkeiten recht zu beachten" sind. „Liebe zum Detail" nennen wir auch heute eine Qualität achtsamer Menschen: sei es bei der Arbeit, in Kleidung und Tischkultur, im Künstlerischen, beim Bereiten einer Feier oder in der Gastfreundschaft. Du beziehst deine Liebe zum Detail auch auf die Franziskusregel, in der du die Lebenserfahrung und Weisheit unserer ersten Brüder verdichtet findest. Deinen letzten Vorsatz wirst du am neuen Lebensort besonders herzhaft umsetzen können: Marias Vorbild zu folgen. „Dein Herz war der Liebe des Höchsten geweiht; du warst für die Botschaft des Engels bereit", wird heute fast täglich in Altöttings Kirchen auf die „Frau aus dem Volke" gesungen: Du „kennst Arbeit und Sorgen ums tägliche Brot, die Mühsal des Lebens in Armut und Not". Tausende, die mit ihren Freuden und Sorgen zur Gnadenkapelle pilgerten und auch an die Pforte des Kapuzinerklosters klopften: Du konntest sie zutiefst ver-

Originalhandschrift der elf Vorsätze Bruder Konrads:
im Bild die linke Hälfte des Blattes mit den Vorsätzen 1–7.

stehen – in vielem aus eigener Erfahrung und seelisch verbunden mit ihrer Hoffnung: „Maria, auf dich hat der Geist sich gesenkt, du hast uns den Erlöser geschenkt; ... Mutter, o reich uns die Hand auf all unsren Wegen durchs irdische Land." (GL 521)

Bruder, deine Vorsätze von 1852 gleichen Baumnüssen: Wer an der herben Hülle deiner Sprache oder an der harten Schale damaliger Askese hängen bleibt, wird das Kostbare nicht entdecken. Wer jedoch ihren nährenden Kern herausschält, dankt dir für die Weisheit, die du in deinen elf Vorsätzen verdichtest. Sie waren ursprünglich für dich ganz persönlich gedacht. Gut, dass sie Brüder entdeckt, aufbewahrt und weitergereicht haben. Du siehst, wie der schmackhafte Kern deiner elf Nüsse in mein Leben spricht!

Niklaus

# XII. Leben in Form – Dem Alltag Rhythmus und Zeitgefäße geben

Als Konrad im Oktober 1852 nach seinen Ordensgelübden wieder der Salzach nordwärts folgte und nach gut vierzig Kilometern in Altötting eintraf, konnte er nicht ahnen, dass er über vier Jahrzehnte hier bleiben würde. Im Gegensatz zu Mönchen sind Kapuziner Wanderbrüder, die ihren Lebensort alle paar Jahre zu wechseln pflegen. Nach den kurzen Zeiten der ersten Erprobung in Altötting und Burghausen und nach dem Lehrjahr in Laufen empfing das Wallfahrtskloster St. Anna ihn erneut: zur vierten, längsten und auch letzten Etappe seines Ordenslebens. Als 34-Jähriger schlug er sein Zelt wieder in Altötting auf und reiche 42 Jahre hindurch wirkte er hier als Pförtner. Die Ortsgebundenheit ist zwar nicht typisch für die franziskanische Lebenskunst, die biografisch vielmehr zu Ortswechseln, Dynamik und Offenheit für vielfältige Arbeitsfelder ermutigt. Dass Konrad vier Jahrzehnte an der „belebtesten und strengsten Klosterpforte Bayerns" wirkte, wie es Papst Pius XI. ausdrücken wird, zeugt vom speziellen Charisma, das die Provinzleitung im Bruder aus Parzham erkannte und das dieser hier einzigartig entfaltete. Zuvor ein schollenverbundener und schweigsamer Bauer, der sonntags weite Pilgerwege ging, wurde Konrad nun ein Menschenfreund, der Tag für Tag und von früh bis spät zwischen Pförtnerzelle, Klostertür und Kirche pendelte. Es waren kurze Wege auf kleinem Raum, jedoch voller Leben und insgesamt täglich einige Kilometer lang.

Um 1850 trugen weder Bauern noch Fabrikarbeiter Uhren. Das Volk auf dem Land lebte an langen Sommertagen voller Arbeit und in der ruhigeren Winterzeit nach dem Gang der Sonne. In den aufkommenden Industriegebieten trieb die Fabrikglocke zur Arbeit an und ließ Beschäftigte täglich je nach Ort bis zu 16 Stunden schuften. Auch Konrads Tage waren lang. Doch sorgte der klösterliche Rhythmus für eine Ganzheitlichkeit, in der es für alles Wichtige geschützte Zeiten und Orte gab. Konrads Tagesrhythmus sollte sich in den folgenden vier Jahrzehnten seines Kapuzinerlebens kaum verändern. Mitten in der Nacht erhoben sich die Brüder zu einem ersten Gemeinschaftsgebet im Chor und zur Betrachtung spiritueller Texte. Noch vor 4 Uhr öffnete Konrad die Klosterkirche, richtete in der Sakristei alles für die Frühmesse her und bereitete das Frühstück. Um 5 Uhr ministrierte er in der Gnadenkapelle bei der ersten Messe des Tages. Nach dem Frühstück war er ab 6 Uhr im Pfortenzimmer und öffnete die Klostertür für Menschen mit den verschiedensten Bedürfnissen: rief Beichtväter, hörte zu, besorgte Speise und Trank aus der Küche, zeigte Mitgefühl – und Nerven bei „verhaltensoriginellen" Gästen. Dazwischen schufen kurze Gebetszeiten der Tagesliturgie Zeiten des Verweilens an den Quellen der Seele. Nach dem Mittagessen konnte Konrad bis 14 Uhr durchatmen: Sein Pfortengehilfe hielt ihm den Rücken frei, und den Freiraum nutzte er gern im Garten spazierend, in der Gnadenkapelle oder im stillen Gebetsraum des Chores. Danach war er an der Pforte wieder verfügbar für die Klosterbesucher, welche die Nachmittagsstunden mal stressiger und mal ruhiger sein ließen. Während Abendgebet und Abendessen konnte er sich von seinem Gehilfen entlasten lassen, und die Pforte blieb danach im Sommer bis 21 Uhr, im Winter bis 20 Uhr offen. Brüder erinnern sich im Informativverfahren des Seligsprechungsprozesses, dass Kon-

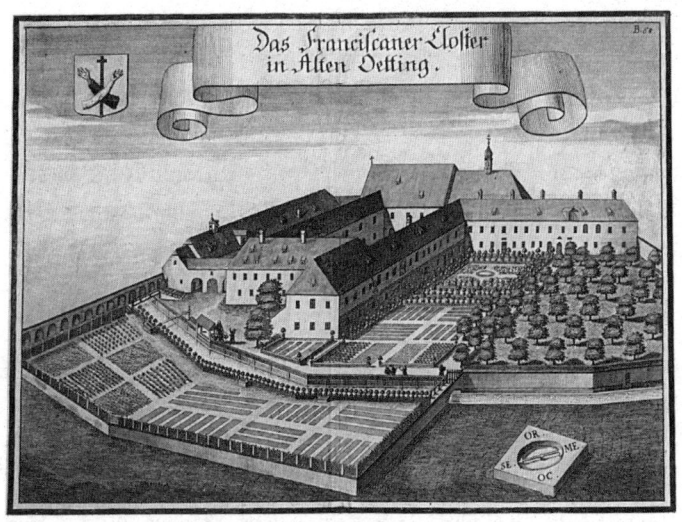

Der Kupferstich zeigt das Kloster St. Anna in Altötting zur Zeit der Franziskaner und das Foto denselben Konvent als Konradskloster der Kapuziner heute, nach der Gesamtsanierung von 2006 bis 2008. Konrads Pförtnerzelle, sein Rückzugsort, Flur und Gruft sind im weitgehend neu erbauten Kloster intakt erhalten.

rad sich zu ihnen gesellte, wenn sie abends noch zur Rekreation zusammenkamen. Bereits als Bauer ernsthaft, habe er sich dabei nicht ausgelassen gezeigt, sondern von dem berichtet, was ihm an menschlich Berührendem begegnet war. Er trug Sorgen und Anliegen der Besucher mit sich weiter und bat die Brüder, so manche Not oder auch Hoffnung ebenfalls ins eigene Beten mitzunehmen.

Jeder Beruf hat seine eigene Dynamik, seine Inhalte und Herausforderungen. Damit im Treiben des Alltags nicht zu kurz kommt, was für ein ganzheitliches Leben kostbar ist, empfiehlt es sich in jeder Lebensform, Rhythmen zu finden: Zeiten für Arbeit und Erholung, für Beziehungen und sich selbst, für das Lebensnotwendige und für Hobbies, für Essen und Genuss, für Bildung und sorgloses Nichtstun, Zeit auch für Kreativität und Überraschungen. Nicht jeder Tag bietet Raum für alles, doch lässt sich für ganzheitliche Lebensqualität auch im größeren Rhythmus der Wochen und Monate sorgen. Auch Bruder Konrads Pförtnerleben kennt Auszeiten: regelmäßige spirituelle Intensivwochen (Exerzitien), Wallfahrten und zwischenzeitlich auch eine Reise zu den Geschwistern nach Parzham.

# XIII. Wo Päpste knien und Könige ihr Herz lassen – Deutschlands größter Wallfahrtsort

So schlicht Herkunft und Leben des Bruders an der Kapuzinerpforte von St. Anna waren, so historisch ist der Ort, an dem er seine zweite Lebenshälfte verbrachte. Wenn Konrad morgens für die Frühmesse vom Kapuzinerkloster zur Gnadenkapelle schritt, führte sein Weg an der tausendjährigen Stiftskirche vorbei, deren gotischer Bau die Kapelle auch heute mächtig überragt. Der einst umhegte und noch immer von Bäumen geschützte Kapellplatz selbst erinnert an einen keltischen Kultort vor 2000 Jahren, den Forscher hier vermuten und den Germanen dann als Treffpunkt für ihre Stammesversammlungen nutzten. Die altbayerischen Herzöge aus dem Geschlecht der Agilolfinger nannten ihren hiesigen Hof Mitte des 8. Jahrhunderts *Autingas*, von dem sich der Name Ötting ableitet. König Karlmann, der als Urenkel Karls des Großen von 876 bis 880 über Bayern und Italien regierte, ließ hier die erste Stiftskirche samt Kloster errichten. Er machte die alte Kaiserpfalz seines Vaters Ludwig II. des Deutschen zur Lieblingsresidenz und fand auch sein Grab in dieser Kirche. Karlmanns Sohn Arnulf von Kärnten entmachtete nach dem Tod Ludwigs III. des Jüngeren seinen zweiten Onkel, den schwachen Kaiser Karl III. den Dicken, im Ostfrankenreich und übernahm die Herrschaft. 893 erlebte er in Altötting die Geburt seines einzigen legitimen Sohnes und Nachfolgers. Mit ihm, Ludwig IV. dem Kind, starben die ostfränkischen Karolinger zwei Jahrzehnte später aus. In jener Zeit verheerten die einfallenden Ungarn weite Teile Süddeutschlands und zerstörten dabei auch Öttings Stiftskirche. Erst unter den Ottonen-Kaisern kam der Ort zu neuer Blüte. Die Salier Heinrich III. und Heinrich IV. feierten in der neu erbauten ottonischen Stiftskirche wiederholt Feste der Weihnachtszeit.

Ob ein erstes kleines Oktogon der Gnadenkapelle bereits in die Zeit der Agilolfinger zurückreicht, ist nicht gesichert. Ob die Erbauer um die uralte kultische Vorgeschichte des Ortes wussten oder ob sie selber die Ausstrahlung des „Kraftortes" spürten, der die moderne Geomantie zu Superlativen drängt? Fritz Fenzl schreibt heute von natürlichen Energiefeldern und Kraftlinien, die sich im Achteckbau schon mit einfachen technischen Geräten messen lassen, einer einzigartigen „Kraft der Quellen" am „wohl magischsten Ort Deutschlands". Der Grundriss des kleinen Baus erinnert an die kaiserliche Pfalzkapelle von Aachen, deren Vorbild wiederum die byzantinische Kirche San Vitale von Ravenna ist. Achteckig und himmelstrebend wie ihre monumentalen Vorbilder, scheint die heutige Wallfahrtskapelle in die Zeit der Ottonen zurückzugehen. Möglicherweise entstand sie aus einem achteckigen Baptisterium, das mit der hiesigen Pfalz verbunden war und in dem auch der letzte Karolinger Ludwig das Kind getauft wurde. Im Hochmittelalter erlangten die Wittelsbacher Herzöge die Herrschaft über Bayern. Das „alte Ötting", das sich fortan vom 1224 gegründeten Neuötting am nahen Inn unterscheiden musste, wurde zu ihrem zentralen Heiligtum. Die neuen Machthaber vergrößerten 1231 die Stiftskirche im romanischen Stil und ließen 1330 das Elsässer Gnadenbild in die Oktogon-Kapelle übertragen. 1489 setzte die regionale Wallfahrt ein, nachdem ein im nahen

Mörnbach ertrunkenes Kind von der verzweifelten Mutter auf den Altar gelegt und von der Gottesmutter wieder zum Leben erweckt worden sein soll. Kurz darauf empfing Altötting die höchsten Herrscher Europas: zunächst Kaiser Friedrich III. und zwei Jahre später den künftigen Kaiser Maximilian I. In jenen Jahren wurde der Achteckbau der Wallfahrtskapelle um das Langhaus erweitert.

Gleichzeitig erforderte der wachsende Wallfahrerstrom eine erneute Vergrößerung der nahen Stiftskirche. 1499–1511 spätgotisch ausgestaltet, fasziniert ihre lichtvolle Weite bis heute. Kurz vor 1600 übernahmen die Jesuiten die Wallfahrtsseelsorge und errichteten am Kapellplatz 1697 mit der barocken Magdalena-Kirche ein zweites prachtvolles Heiligtum. Nach dem Dreißigjährigen Krieg fand der belgische Graf Johann T'Serclaes von Tilly, siegreicher General der katholischen Liga, sein neues Grab in der Gruft der Peterskapelle, die in einer Ecke des Kreuzgangs zur Stiftskirche gehört. Auf die schreckliche Pest von 1649/50 dürfte die Lindenholzskulptur des „Todes von Ötting" zurückgehen, die kurz darauf in einem Rechnungsbuch erwähnt wird. Bis heute bewegt die mechanische Skelettfigur auf der hohen Schrankuhr in der Stiftskirche unbeirrt ihre Sense und mahnt Gläubige beim Verlassen des Heiligtums, die verbleibende Lebenszeit bis zur letzten Ernte zu nutzen.

Nach der Großen Pest baute Altötting 1654 bis 1657 auch den Franziskanern ein Kloster. Ihr Konvent und ihre Kirche St. Anna liegen ein paar Schritte unterhalb des Kapellplatzes. Die Brüder wurden 1802 in der Zeit des Klostersturms nach Bad Tölz verbannt, und ihr Annakloster wurde zum Aussterbekonvent der Kapuziner bestimmt. Ein halbes Jahrhundert später

Kapellplatz mit kleiner heiliger Kapelle inmitten von Bäumen und der zwei-
türmigen gotischen Stiftskirche im Hintergrund. Gut sichtbar ist der tausend-
jährige Achteckbau (Oktogon) der Gnadenkapelle.

fand Bruder Konrad hier eine neu aufblühende Gemeinschaft vor. Sie beherbergte nun auch den Provinzialminister. Dieser wurde von den Brüdern Bayerns und Frankens alle drei Jahre mit einem Rat gewählt, um die Provinz zu leiten, die Konvente neu zusammenzusetzen und Ordenskandidaten aufzunehmen.

Wenn Konrad jeden Morgen nach der Frühmesse von 5 Uhr vom Altar der Gnadenkapelle wegging, sah er über dem Durchgang zum Langhaus die silbernen Herzurnen der Könige aus dem Hause Wittelsbach. Seit Kurfürst Maximilians I. Tod im Jahr 1651 war es üblich, die Herrscher dieser Dynastie in München zu bestatten, ihr Herz jedoch in Altöttings bayerischem Nationalheiligtum aufzubewahren. Die Tradition dauerte bis zum Tod der Kronprinzessin Antonia 1954, deren Urne zur Herzbestattung aus München übertragen wurde. Bruder Konrad selbst erlebte den Tag, an dem das Herz des bayerischen „Märchenkönigs" mit viel Pomp hierher gelangte: Ludwig II. war Mitte Juni 1886 im Starnberger See eines mysteriösen Todes gestorben. Der Erbauer der Schlösser Neuschwanstein, Linderhof und Herrenchiemsee war im Volk überaus populär, obwohl er Bayern weder 1866 aus dem österreichisch-preußischen Krieg, noch 1870 aus dem deutsch-französischen Krieg heraushalten konnte und die letzten Jahre zurückgezogen gelebt hatte. Seine Herzbestattung vom 16. August wurde mit glanzvollem Hofzeremoniell inszeniert. Erstmals kam dabei – passend für den technikbegeisterten Monarchen – die inzwischen eröffnete Eisenbahnlinie von München an den Mühldorfer Inn und nach Simbach zum Einsatz. Vom Bahnhof Neuötting aus brachte ein sechsspänniger Hofwagen, begleitet von zwei Leibregimentern, die Herzurne zum Kapellplatz. Tausende säumten die Straßen, Blumengirlanden schmückten die

Häuser und die Kirchen läuteten alle Glocken. Wir wissen nicht, ob Bruder Konrad den Empfang sah oder sogar das folgende Pontifikalrequiem in der Stiftskirche mitfeierte. Er wird jedoch immer wieder mal die herzförmige Urne, ihr Kronenmotiv und die Silbersträußchen von Alpenrosen und Edelweiß in ihrer Nische des Oktogons betrachtet haben. In seine Altöttinger Zeit fiel bereits die Herzbestattung von König Max II., bei der 1864 der Volksandrang so groß war, dass die königliche Landwehr den Kapellplatz um das Heiligtum absperren musste. Die Sammlung im Oktogon zeigt bis heute alle Herzurnen der Könige seit 1806 sichtbar in Nischen und präsentiert besonders kostbar die des Wittelsbacher Kaisers Karl VII. Die anderen Urnen finden sich im Boden und in den Wänden verborgen. Die kleine Herzgrabplatte General Tillys, die links am zentralen Eingang des Achtecks steht, verdeutlicht die Idee dieser makabren Tradition: *Cor nunc est, ubi thesaurus fuit.* Mit einer Anspielung an das Wort Jesu besagt der Spruch, dass „das Herz nun da ist, wo sein Schatz bereits gewesen ist": an heiliger Stätte bei Gott und seiner Mutter. Bruder Konrad war während vierzig Jahren täglich der Erste, der seinen Schatz hier fand und der im Gottesdienst Kraft schöpfte für den brüderlichen Menschendienst an der Klosterpforte.

Altöttings Gnadenkapelle empfing nicht nur Herzurnen der Mächtigen, sondern auch Päpste und strahlende Herrscher. Unter Letzteren blieb der blutjunge Habsburger Kaiser Leopold I. unvergessen, der 1658 auf der Rückreise von Frankfurt hier für seine Wahl dankte, 1681 wieder eintraf, als die Türken bedrohlich gegen Wien vorrückten, und 1689 nach den entscheidenden Siegen und dem Ende der Türkengefahr der Gottesmutter seinen Dank abstattete. Auch Petrusnachfolger kamen gleich

Die Silberskulptur von Bruder Konrad vor dem Gnadenbild in Altötting schuf 1931 der Bildhauer Georg Busch noch vor der Heiligsprechung. Sie bildet am Altar der Gnadenkapelle das Gegenstück zum Silbernen Ritter von 1737, der den zehnjährigen Kurprinzen Max II. Joseph nahezu lebensgroß darstellt.

mehrere an diesen Wallfahrtsort und unterstreichen die herausragende Bedeutung des kleinen Heiligtums. 20.000 Menschen bereiteten Papst Pius VI. am Abend des 25. April 1785 einen begeisterten Empfang, und viele nächtigten auf dem Kapellplatz an Lagerfeuern, um ihn am Morgen auf dem Weg zur Gnadenkapelle noch einmal zu sehen. Der Papst der Französischen Revolution machte auf der Reise von Wien nach München in Altötting Halt, nachdem er den österreichischen Kaiser Josef II. vergeblich von seiner scharf nationalkirchlichen, rom- und klosterfeindlichen Politik abzubringen versucht hatte. In München vereinbarten Pius VI. und Kurfürst Karl Theodor die Errichtung einer Nuntiatur. Aus dieser reiste in den Jahren ab 1917 Nuntius Eugenio Pacelli mehrmals nach Altötting. Er förderte danach als Kardinal-Staatssekretär die Heiligsprechung Bruder Konrads und würdigte den Heiligen 1934 auch in einer Festpredigt, deren deutsche Übersetzung gedruckt erschien. Als Papst Pius XII. im Vatikan von der Altöttinger Kreuzschwester Pasqualina Lehnert bemuttert, zeigte er seine bleibende Verbundenheit, indem er 1957 der Gnadenkapelle einen kostbaren Messkelch zukommen ließ.

Beide Vorgänger des jetzigen Papstes besuchten das bayerische Zentralheiligtum und hinterließen ihre Spuren. An Johannes Paul II., der hier im November 1980 „als Pilger" auf seiner Pastoralreise durch Deutschland von 60.000 Gläubigen empfangen wurde, erinnern die von ihm gepflanzte Papstlinde beim Bruder-Konrad-Brunnen und eine Bronzeskulptur am Kapellplatz, zu der sich inzwischen auch die Skulptur seines Nachfolgers gesellte. Eine ebenso große Menge bejubelte im September 2006 Benedikt XVI., der aus dem nahen Marktl am Inn stammt und hier heimisch vertrauten Boden betrat. Der erste deutsche Papst seit 500 Jahren schenkte dem Gnadenbild seinen Münchener Bischofsring und eröffnete als erster Beter die neue Anbetungskapelle, in welche die alte Schatzkammer der Stiftskirche umgestaltet wurde. In dieser wird seither rund

Die in der Gnadenkapelle von Altötting seit 1330 verehrte Marienstatue mit
Kind wird den Zeiten des Kirchenjahres entsprechend eingekleidet. Bruder
Konrad ministrierte jeden Morgen zur Frühmesse am Altar der Jungfrau.

um die Uhr gebetet. Zwei Jahre nach seinem triumphalen Besuch sandte Benedikt XVI. der Wallfahrtskapelle die Goldene Rose, eine seltene Auszeichnung, die außerhalb Roms Städte wie Venedig, Regenten und die Sieger „Heiliger Kriege" erhielten. Der bayerische Papst erinnert an einen fernen Vorgänger, der ebenfalls am nahen Inn geboren wurde: in Pildenau bei Ering, knapp 40 km von Altötting entfernt, als Sohn des Grafen Poppo von Rott. Zum Bischof von Brixen ernannt, dürfte Damasus II. vor seiner Papstwahl 1048 wiederholt aus Südtirol über den Brenner und durch das ottonische Altötting in seine Heimat gereist sein. Als Papst blieben ihm Zeichen der Verbundenheit verwehrt, da er bereits nach drei Wochen im Petrusdienst an Malaria oder vergiftet durch den abgesetzten römischen Vorgänger starb.

# XIV. Menschenliebe und Herzensschau – Leben an der Klosterpforte

Konrads Welt blieb lebenslang überschaubar. In seiner ersten Lebenshälfte legte er als Pilger und Kapuziner-Lehrling Wege zurück, deren Zielorte von Parzham aus innerhalb eines Kreises von 70 km Radius lagen. Passau, Straubing, Altötting und Laufen waren die entferntesten Punkte. Während der vier Jahrzehnte im bayerischen Wallfahrtszentrum beschränkten sich die Reisen auf einige Heimatbesuche und führten seine Wege an die Klosterpforte – bis zu 200 mal täglich – sowie in die Küche und die Kirche. Die erste Erprobungszeit hatte ihn als Gehilfen des Pförtners bereits in dieses Tätigkeitsfeld eingeführt. Dennoch galt es, nun hauptverantwortlich für den Empfang der Besucher, anfänglich noch etwas von seiner Schüchternheit zu überwinden. Und fraglos musste sich der wenig Welterfahrene auch im Umgang mit den unterschiedlichsten Menschentypen aus Nah und Fern üben.

In der Passauer Anhörung zeigen sich zahlreiche Zeugen beeindruckt von Konrads Geduld und Freundlichkeit selbst in Stresssituationen, an denen es im Pförtneralltag nicht fehlte. Immer wieder reagierte der knorrige Bruder klug, beherzt und gelassen zugleich. Ohne viele Worte zu verlieren und der Redseligkeit abgeneigt, überraschten seine Schlagfertigkeit und trefflichen Antworten. Nicht selten blitzten auch Humor und Schalk auf. So antwortete er etwa einem Mitbruder auf die Frage, wie es ihm denn mit dem neuen Gehilfen an der Pforte ergehe, lächelnd: „Du kämst nicht mit ihm aus!" Mehrere Zeuginnen und ein Mitbruder sagen aus, dass Konrad ihnen „ins Herz hinein sah". Herzensschau wird als Gabe nur dann wirksam, wenn jemand seine Mitmenschen wahrnimmt, sich ihnen zuwendet und mit wachem Blick sieht, was sie an Erfahrungen, Gedanken und Gefühlen in sich tragen. Von guter Menschenkenntnis zeugt Konrads Reaktion, als Baldomer Lautenschlager das Noviziat verlassen wollte. Er stellte sich dem hadernden Novizen in den Weg, sprach ihm ins Gewissen und kündigte ihm die baldige Rückkehr an. Tatsächlich kam dieser nach vier Tagen wieder, hatte das Noviziat von Neuem zu beginnen und wurde ein glücklicher Kapuziner.

Mit aufmerksamer Sorge begegnete Bruder Konrad den Armen. Bedürftige aller Art waren seine liebsten Gäste und erlebten den Pförtner überaus großzügig: Koch, Gärtner und Braumeister des Klosters konnten davon Lieder singen. Dem Ordensgründer Franziskus nicht unähnlich, behandelte Konrad Bedürftige als Lieblingsgeschwister Jesu und wie den Herrn selbst. Nicht die Reste vom Tisch der Brüder standen ihnen zu, sondern gute Speise – und das beste Bier. Wurde das vorhandene Essen einmal knapp oder missgönnten Brüder den Bedürftigen Konrads Großzügigkeit, so sparte dieser sich das Essen vom eigenen Mund ab, um seine Portion an die Pforte zu bringen. Auch frisches Gemüse aus dem Garten half bisweilen, eine Notlage zu wenden. Konrads umgängliche und großzügige Art ließ sich nicht beirren, wenn Bettler frech auftraten und den Pförtner provozierten. Als ihm ein Obdachloser einmal den Napf mit der Suppe vor die Füße schmiss, reinigte Konrad eigenhändig den Boden und holte eine andere Suppe, die ihm besser schmecken würde. Was Menschen dem Kloster an Speisen und Grundnahrungsmitteln brachten, erachtete Konrad als ein Geschenk für Brüder wie Bedürftige. Als der bereits erwähnte junge Bruder Baldomer 1891 einmal abends das Brot im Ofen vergaß, verlor Konrad noch in seinen alten Tagen die Fassung, weil die Ärmsten um ihr tägliches Brot gebracht wurden. Überaus dankbar zeigte sich der Pförtner all jenen gegenüber, die dem Kloster ihrerseits großzügige Unterstützung boten. Karrten Fuhrleute im Winter das von den Bauern der Umgebung geschenkte Getreide oder Holz ins Kloster, so brachte er ihnen in der warmen Stube heiße Suppe und kräftige Kost, um sie für die Rückfahrt zu stärken. An die Familie Unterstaller konnte er sich jederzeit wenden, wenn Notwendiges nicht greifbar war, „ein Gockel oder Rahm" beispielsweise, wenn überraschende Besucher ins Kloster kamen. Zwei Töchtern, welche solch dringliche Gaben vorbeibrachten, gab Konrad auf dem Weg zur Schule einmal zu viel Leichtbier zu trinken. Scheps hieß dieses naturtrübe Bier mit geringem Alkoholgehalt, das in Bayern für die einfachen Leute gebraut und von den Bauern auch bei Erntearbeiten getrunken wurde. Die Klosterbrauerei der Brüder produzierte es als Nahrungsmittel. Als die Mädchen danach im Unterricht auffielen und „ganz damisch" waren, schrieb die Lehrerin dem Pförtner einen Brief. Am Heiligsprechungsprozess griff der „Teufelsanwalt" (*advocatus diaboli*), der heute *promotor iustitiae* heißt, eine zweite Biergeschichte auf, um Konrads Vorbildlichkeit infrage zu stellen: Der Pförtner soll an einem heißen Sonntag einer durstigen Magd gleich zwei Krüge Leichtbier zu trinken gegeben haben, worauf diese berauscht weitergegangen sei. Der Münchener Kardinal Michael von Faulhaber entkräftete diese Anklage jedoch mit dem schlagkräftigen Argument, der Vorwurf sei unglaubwürdig, da eine bayerische Magd nie und nimmer von zwei Krügen Bier betrunken werde.

Die Glocke der Klosterpforte läutete am Pilgerort aus den unterschiedlichsten Gründen: Wallfahrer wollten beichten oder Andachtsgegenstände von einem Pater segnen lassen. Seelsorger aus Pfarreien des Umfeldes wünschten neben den regelmäßigen Predigt- und Beichteinsätzen außerordentliche Kapuziner-Aushilfen zu vereinbaren. Leute baten in einer Not um eine Aussprache mit einem Priester. Andere kamen mit Messanliegen, Missionsgaben oder Almosen. Handwerksburschen, Arbeitslose, Bettlerinnen und Kinder baten um eine Suppe, um Bier, ein Stück Brot oder Geld. Aus ferneren Orten Eintreffende suchten Auskunft betreffend Gottesdiensten, Gasthäusern und Herbergen. Der Pförtner hatte daneben Mitteilungen für die Brüder zu notieren, die Bücher für Mess- oder Missionsspenden zu führen und die Kassen selbst in Ordnung zu halten. Oft war er im weitläufigen Haus noch unterwegs und suchte einen gewünschten Pater bis in die Bibliothek oder den Garten, wenn die Klosterglocke bereits wieder klingelte. Dass es durchaus nervenaufreibende Situationen geben konnte, zeigt eine Episode mit Br. Vinzenz Wolferseder. Um seine Predigt auswendig zu lernen und sich unerreichbar zu machen, hatte dieser sich auf den Dachboden des Klosters verdrückt und, als Konrad ihn auch dort suchte, sogar im Glockentürmchen verborgen. Der Pförtner hätte ihn mit seiner feinen Intuition auch da oben aufgespürt, erzählten die Brüder, da er als Beichtpriester verlangt wurde. Nervenstärke zeigte der Pförtner auch mit Monika, einer boshaften Armen, die regelmäßig zum Essen an die Klosterpforte kam. Weil sie den Pförtner dabei öfter wüst beschimpfte, rieten andere Bedürftige dem Bruder, die Undankbare nicht mehr einzulassen. Doch Konrad bat jeweils um Nachsicht mit ihr und bediente sie ebenso aufmerksam wie alle anderen. Junge Mädchen wollten den als Heiligen Verehrten auf die Probe stellen und klingelten nacheinander an der Pforte, um hartnäckig nach einem Kapuziner zu fragen, den sie zuvor abreisen sahen. Konrad schien das Spiel zu durchschauen, antwortete jedoch einer jeden freundlich, dass der Gewünschte nicht zu Hause sei.

Ernsthaft wurde ein Konflikt des kleinen Pförtners mit wutentbrannten Münchnern, und geradezu kritisch ein anderer mit einem intellektuellen Feind der Kapuziner. Am ersten Julisonntag kamen nach Eröffnung der Eisenbahnlinie an den Inn alljährlich über tausend Pilgernde aus München nach Altötting. Es war zum lieben Brauch geworden, dass viele von ihnen nach Beichte, Predigt und Hochamt an die Pforte von St. Anna drängten, wo sie kostenlos Brot und Bier bekamen. Dem Guardian Chrysologus Behr, der aus dem Weiler Salmannskirchen östlich der Hauptstadt stammte, gefiel der Rummel um die belagerte Klosterpforte und im Flur nicht, weshalb er Konrad solche Bewirtungen ohne ausdrückliche Erlaubnis verbot. Bei der nächsten Münchener Juliwallfahrt war der Obere nicht aufzufinden, und Konrad konnte den Durstigen den traditionellen Bierausschank nicht gewähren. Als die enttäuschten Wallfahrer aufdringlich wurden und den Pförtner schließlich derb beschimpften, sei dieser auch angesichts der aggressiven Schmähungen erstaunlich ruhig geblieben. Gefährlicher als der laute Tumult der Münchener wurde eine gerichtliche Klage in der Regierungszeit König Maximilians II. Wie alle Klöster baute auch St. Anna in seinem Garten Heilkräuter an. Anfang August wurden solche Kräuter geerntet, getrocknet, von einem Kapuziner gesegnet und in Kräuterpäckchen abgefüllt. Die Bauern der näheren und ferneren Umgebung holten solche gesegneten Kräuter, mischten sie ins Futter ihres Viehs, räucherten damit den Stall oder hängten die Päckchen dort auf. Im Jahr 1856 entdeckte Alois Brenner, königlicher Amtstierarzt aus Vilshofen, in einem Stall der Region ein solches Kräuterpäckchen und erfuhr, dass der Bauer es von Bruder Konrad erhalten hatte. Kurz darauf erzählte ihm ein anderer Bauer von Stallsegnungen, die ein Redemptorist aus Altötting in Aldersbach vollzogen hatte. Der kirchenkritische Veterinär reichte beim königlichen Landgericht von Vilshofen an der Donau Klage gegen beide Ordensleute ein. Das Gericht veranlasste Befragungen und Untersuchungen bei Bauern der ganzen Pfarrei Aldersbach und leitete den Fall danach ans Passauer Landgericht weiter. Der vom Arzt erhobene Vorwurf des Betrugs wurde dort zwar zurückgewiesen, die beiden Angeklagten jedoch der medizinischen Pfuscherei beschuldigt. Passau übertrug die strafrechtliche Affäre dem für die Täter zuständigen Landgericht Altötting. Der dort tätige Jurist Josef Bachmair befand, dass „die kirchlichen Segnungen in das Berufsgebiet der staatlich autorisierten Viehärzte nicht eingreifen" und „die Naturalien, die geweiht werden", dadurch auch „nicht die Eigenschaft ärztlicher Mittel gegen Krankheiten erlangen". Deshalb sei „Strafbarkeit der konkreten Handlungen" nur dann gegeben, wenn „die Handelnden von sträflichem Willen beseelt" waren, d. h. konkret „tierärztliche Tätigkeit auszuüben beabsichtigten". Der Jurist befragte daher sowohl den Redemptoristen in St. Magdalena wie Bruder Konrad in seinem Pförtnerzimmer in St. Anna. Der Pförtner reagierte mit einer Ruhe, die den Rechtsanwalt nachhaltig beeindruckte. In aller Schlichtheit antwortete der Beschuldig-

Konrad als Pförtner mit Schale und Christus vor Augen. Während Konrad
Dutzende Bedürftiger an der Klosterpforte verpflegt, behält er Jesus Christus
vor Augen, der ihn in der Geduld bestärkt: Metallskulptur von Rudo Göschl in
der Stiftskirche Altötting (1973)

te, die geweihten Kräuterpäckchen stärkten das Vertrauen der Leute, dass der liebe Gott sie segne und ihre Ställe vor Unglück verschone. Damit war für das Gericht erwiesen, dass kein strafbares Handeln vorlag und der Fall *ad acta* gelegt werden konnte.

Nach Ende der Mittagsschule strömten jeweils Scharen von Kindern zur Pforte von St. Anna, um Bruder Konrad um Kapuzinerbrot zu bitten. Dieses wurde im Kloster für die Brüder und die Bedürftigen gebacken. Diese Form der Solidarität war seit jeher typisch für den Orden. Für ihn bestand und besteht franziskanische Armut nicht darin, möglichst wenig zu haben, sondern möglichst viel zu teilen. Selbst in Zeiten von Missernten und Hunger schienen dabei in vielen Konventen kleine Wunder zu geschehen. Größere Klöster schafften es, in Notzeiten täglich mehr als hundert Hungernde mit Brot und Suppe zu verpflegen. Der italienische Dichter Alessandro Manzoni würdigt in seinem 1842 vollendeten Roman *Promessi Sposi* („Die Brautleute") die Caritas der Kapuziner und erklärt zugleich, was solche Wunder möglich machte: Die Brüder des heiligen Franziskus dienten den Geringsten und würden von den Mächtigen bedient, beträten Paläste und Bauernhütten, häuften keine Güter an und teilten alles freigebig weiter. Der Dichter schildert einen Bettelbruder, der einen kargen Nussbaum vor dem Fällen bewahrt und wie dieser den Besitzer danach mit Nüssen überhäuft, wovon die Hälfte dem Kloster geschenkt wird. Und er legt dem Bruder ein Bild in den Mund, das die Solidarität der Kapuziner nicht trefflicher schildern könnte: „Wir sind wie das Meer, in welches von allen Seiten Wasser strömt und das wiederum alle Flüsse nährt." Bruder Konrad fasst die Wahrheit im Bild des italienischen Dichters in ein schlichtes Wort, das er seinen Brüdern öfter sagte: „Es kommt alles wieder rein, was wir rausgeben."

Bruder Konrad erweist sich den Kindern gegenüber, die ihn nach der Schule um Brot bitten, als väterlich und mütterlich zugleich: Bevor er ihnen das gewünschte Kapuzinerbrot reicht, versammelt er sie im Pfortenflur und betet mit ihnen gemeinsam zur Gottesmutter und zum „Himmelvater", der allen und auch den Kapuzinern „das tägliche Brot gibt". Als übermütige Lausebengel seine Geduld testen wollten und neunmal hintereinander an der Pforte klingelten, antwortete er: „Seid's halt Buben! Macht nix! I geh in Gottes Namen noch zwanzigmal raus, solang mi d'Füß tragn. I hab aber a andere Arbeit a noch, versteht's mi, Buben!" Dass Konrads Menschenliebe, die sich in solchen Begegnungen an der Pforte zeigt, auch zu inniger Verbundenheit führen konnte, verdeutlicht sich am Beispiel von zwei Frauen. Die eine ist die Tochter der Familie Unterstaller, die ihm immer wieder mit dringlichen Gaben aus der Not half. Als das Mädchen, dem er einmal zu viel Bier gab, erwachsen wurde und in ein Kloster eintrat, verabschiedete Konrad die junge Frau unter Tränen. Gespräche mit einer Terziarin, die ihn an der Pforte besuchte, führten zu einer tiefen Freundschaft, auf die wir noch zu sprechen kommen.

# XV. Gesunde Selbstsorge –
## Die eigenen Grenzen achten

Lieber Bruder Konrad,

deine Tage an der Pforte waren lang, befrachtet mit Arbeit und reich an Begegnungen. Bereits in deinem ersten Brief an die Geschwister schriebst du, als du noch Gehilfe des Pförtners warst, der Tag sei „zum Beten und Arbeiten eingeteilt, und da habe ich zu was anderem wenig Zeit". Wenn ich dir in späteren Jahren zuschaue, verdichtet sich der Eindruck, dass du dein Fuder öfter überladen hast, um es mit einem Bild aus deiner bäuerlichen Welt zu sagen. Kein Wunder, dass auch spätere Briefe regelmäßig von knapper Zeit schreiben. Als Pförtner vielfältig gefordert, hast du dir eine Zeitlang auch noch die Aufgaben des Mesners aufgebürdet, um den kränklichen Bruder Meinrad Sailer zu entlasten. Später tatst du dasselbe für dessen Nachfolger Anian Butz. Dazu hattest du im Sommer um 3.30 Uhr, im Winter um 4 Uhr die Kirchentüren zu öffnen, die Altäre für die ersten Messen herzurichten sowie die Gewänder, Wein, Wasser und Kelch bereitzustellen. Nachdem du nach Messfeier, Morgenlob und Betrachtung gefrühstückt hattest, ging der Pfortenbetrieb spätestens ab 7 Uhr los: mit unzähligen Wegen an die Türe, in die Küche, in die Kirche, durchs Haus, in den Keller, in die Gärten und von vielerlei Gästen gefordert, Priestern und Laien, Frauen und Kindern, aufdringlichen Bettlern und frommen Wallfahrern. Nach kräftezehrenden Tagen ließest du dich bisweilen auch nachts fordern. Unvergesslich blieb für Bruder Piligrin Duschl, der auf Betteltour im bayerischen Wald erkrankte, dort zwei Wochen gepflegt wurde und sich, um die besorgten Gastgeber zu entlasten, mit letzter Kraft wieder nach Altötting kämpfte, wie du ihn nachts empfingst. Um den schlafenden Krankenbruder zu schonen, hättest du selbst dem erschöpften Kranken das Zimmer gewärmt, eine Suppe gekocht und ihn so rührend umsorgt, dass er noch im hohen Alter bewegt davon sprach.

Doch nicht nur Liebesdienste an Lebenden, sondern auch solche für Verstorbene hielten dich nachts vom Schlaf ab. Bruder Anian Butz, von dem schon die Rede war, scherzte einmal über dein inniges Beten in der nächtlichen Klostergruft: „Bruder Konrad, wenn ich sterbe, lasse ich mich am Eingang der Gruft begraben, damit ich von dir recht viel Weihwasser bekomme!" worauf du halb ernst, halb schalkhaft geantwortet hättest: „Du wirst es schon brauchen!" Sterbende, aufgebahrte und bestattete Brüder, auch ihnen zeigtest du deine Zuwendung. Oft, so berichten deine Mitbrüder in Passau, hättest du abends bis 22 Uhr und nach dem Mitternachtsgebet erneut in der Gruft gebetet, manchmal bis zum Morgen. Es hat allzu lange gedauert, bis ein umsichtiger Guardian intervenierte: Chrysologus Behr hat es dir 1876 verboten und dir nach dem gemeinschaftlichen Mitternachtsgebet Ruhe verordnet. Hieltest du dich weiter daran, als dieser Guardian drei Jahre später starb? Weniger sensibel zeigte sich ein anderer Guardian, der deine mittäglichen Spaziergänge im Garten unterband. Weil ihm dein Pfortengehilfe ein Formular nicht aushändigen konnte, befahl Korbinian Steinberger in seiner Ungeduld barsch, du hättest auch in der Mittagszeit im Haus und in der Nähe zu sein. Du bist dem Befehl allzu schweigsam gefolgt und hast auf die kostbare freie Stunde an der frischen Luft oder oben in der geliebten Gnadenkapelle verzichtet.

Es verwundert mich daher nicht, dass deine Briefe wiederholt von gesundheitlichen Problemen sprechen. Erstmals ist davon bereits in deinem Brief aus dem Noviziat die Rede. Im Februar 1852 vertrautest du deinen Geschwistern an, dass es dir „manchmal gar nicht gut" ergehe. „Im Advent musste ich mich zweimal einige Tage ganz legen." Du batst sie denn auch: „Betet für mich, dass mir der liebe Gott eine gute Gesundheit verleihe." Das Gebet darum reicht allein nicht, Bruder! Uns ist auch eine gesunde Selbstsorge aufgetragen, um nicht zu verlieren, was die Natur und Gott uns schenken. Deine Gesundheit blieb fragil. Zwölf Jahre später schaust du nach Weihnachten 1864 auf deinen herbstlichen Besuch in Parzham zurück: „Meine Freude wurde in etwas betrübt, da ich gar nicht gesund war. Ich durfte es euch gar nicht zu erkennen geben, wie schlecht mir war, um euch nicht noch mehr zu betrüben. Auch hatte ich große Furcht, ich werde ganz krank, [so]dass ich gar nicht zur rechten Zeit heimreisen kann." Auf dem Heimweg zurück nach Altötting, so fährt dein Brief fort, „wurde mir ganz besser, sodass ich fast ganz gesund heimkam". Deine Zeilen lassen erkennen, wie gut dir die frische Luft tat, das Wandern über fünfzig Kilometer zurück in dein Kloster, die Entspannung abseits deiner oft stressigen Aufgabe. Und du lässt ein Zweites erkennen: Um niemanden zu belasten oder zu betrüben, verbargst du deine eigenen Nöte und Probleme. Deine Geschwister erfuhren erst im Rückblick, Wochen später und nur durch deinen Brief, dass es dir damals schlecht ging. Vermute ich richtig, dass das auch im Kloster so war? Dienstbereit den Brüdern und so vielen Besuchern gegenüber, doch selbstlos, wenn es um deine eigenen Bedürfnisse ging? Selbstlosigkeit wurde euch damals als Tugend vermittelt. Heute wissen wir, dass Hingabe geschwächt wird und das Dasein für andere den tragenden Boden verliert, wenn wir „selbstlos" über die eigenen Grenzen gehen. Mein eigener Lehrmeister im Noviziat reagierte daher jedes Mal allergisch, wenn jemand einen selbstlosen Menschen rühmte. Wer großherzig für andere da ist, soll ebenso sensibel für sich selber Sorge tragen. Nicht von ungefähr verbinden sich Gottes-, Nächsten- und Selbstliebe untrennbar im biblischen Hauptgebot. Jesus hält es für die höchste Verdichtung von Gottes Gesetz und Wille: dass wir Gottes Liebe antworten mit allen Kräften und dass wir „den Nächsten lieben wie uns selbst". Wie – das heißt: uns selber ebenso, nicht weniger und nicht nachgeordnet lieben.

Franz von Assisi mahnt seine Brüder anderseits, nicht um das eigene Ego zu kreisen. In der Bibel, im Mittelalter und noch zu deiner Zeit sprach man von „Eigenliebe", die „dem Fleisch folgt". Moderne Leser verkürzen das Bild vorschnell auf ein ungezügeltes Ess- oder Sexualverhalten. Gemeint ist, was wir heute Egozentrik oder Selbstverliebtheit nennen. Selbstsucht verhindert und Egozentrik belastet jedes Miteinander. Gesunde Selbstliebe jedoch ermöglicht und nährt dieses. Franz von Assisi ermutigt daher seine Brüder in der Ordensregel, „einander vertrauensvoll die eigenen Bedürfnisse zu zeigen". Jeder Bruder soll sich dabei dem anderen als mütterlich erweisen: spüren, was jeder Einzelne an Leib und Seele braucht, und ihm das geben, was sein Wohlbefinden und seine Entwicklung fördert. Unser Ordensgründer wünscht sich sogar, dass diese gegenseitige Sensibilität und brüderliche Hingabe die Sorge einer Mutter für ihre Söhne und Töchter übertreffe. Mütterliche Sorge zu anderen, du hast sie reichlich gelebt, Konrad. Doch zum Mut, Mitbrüdern und Menschen auch die eigenen Bedürfnisse zu zeigen, hat man euch damals nicht erzogen.

Weitere acht Jahre später schreibst du im April an eine Schwester, dass du dich „ganz kurz" halten musst, weil du zu schreiben „meistens abends ganz unfähig" seist, „meistens leidend, und am Tage habe ich keine Zeit". Das klingt nach Stress und Beanspruchung über deine Kräfte. Du fährst fort: „Meine Lebensweise besteht nun meistens darin: Lieben und Leiden, im Staunen und Anbeten und Bewundern der namenlosen Liebe zu uns armen Geschöpfen. In der Liebe Gottes komme ich an kein Ende." Die grenzenlose Liebe und Hingabe, die Jesus am Kreuz zeigt, sie hat dich gehalten, getröstet und geleitet. Das haben viele Mystikerinnen und Mystiker so erlebt, die sich täglich in das Leiden Jesu vertieften. Doch lass mich leise hinzufügen: Der Gottessohn ist Mensch geworden, um auf Erden zu leben – und damit wir selbst „Leben in Fülle haben" (Johannes 10), „schon in dieser Welt" (Markus 10). Untergräbt der Raubbau an der eigenen Kraft und Gesundheit nicht diese Verheißung an alle, die ihm folgen? Franz von Assisi war denn auch kein Passionsmystiker: „Den Fußspuren Jesu folgen" ist sein Ideal, wie seine Freunde es in Galiläa taten – mit wachen Augen, freien Händen und mutigen Füßen. Es ist dies eine schöne und deutliche Umschreibung unserer drei Ordensversprechen. Klara von Assisi fasst unsere Berufung ebenfalls in einen Dreiklang, wenn sie ihre Freundin Agnes ermutigt, die Liebe Jesu in seiner armen Geburt zu betrachten, seiner tiefen Menschenliebe während des öffentlichen Lebens zu folgen und – am Ende! – seine Liebe am Kreuz zu bedenken. Franziskanische Nachfolge und Lebenskunst ist zentral auf das Leben Jesu ausgerichtet, und Geburt wie Tod rahmen es ein. Ich möchte daher nicht vorschnell vom Kreuz sprechen. Doch mit dir sehe ich das Entscheidende darin, der Liebe zu folgen: einer Liebe, die sich uns Menschen zum Gefährten macht, die leidenschaftlich lebt und die am Ende alles gibt.

Zurück zur Selbstsorge: Auch ich lebe und arbeite manchmal über meine Grenzen, Konrad. Und selbst die moderne Zeit, in der wir uns in der „Ersten Welt" leichter denn je „selbst verwirklichen" können, eigene Träume wahr werden lassen und eigene Wünsche erfüllen, in der das Individuum eine nie dagewesene Freiheit genießt und die Selfie-Kultur den Individualismus zum Kult macht, selbst heute ringen wir um eine gesunde Beziehung zu uns selbst. Viele kämpfen um ihre „Work-Life-Balance", das gute Maß zwischen Arbeits- und Freizeit im Leben. Auch gesundheitliche Probleme zeigen sich in ganz neuen Formen, trotz Gesundheitsvorsorge und hoch entwickelter Medizin: Bewegungsmangel und Überernährung sind in Westeuropa verbreitete Wohlstandserscheinungen, Risikosportarten, Partydrogen und Freizeitvergnügen am Limit strapazieren den Körper. Mode, Models und Schönheitsideale führen zu Magersucht, Markendiktat und Schönheitsoperationen. Gefeierte Spitzensportler sind mit vierzig Millionäre und physische Wracks. Pestizideinsatz in der Landwirtschaft und Antibiotika in der Tierhaltung nagen an unserer Gesundheit ebenso wie Lebensmittelskandale einer profitgierigen Industrie. Physisch und sozial zerstörerische Abhängigkeiten wie Alkohol-, Drogen- und Spielsucht finden mit neuen Konsumgütern auch neue Suchtformen: Endloses Surfen im Internet und der Druck zur Dauerkommunikation in „socialmedia" sind zwei Beispiele dafür. Du siehst, Bruder Konrad, Selbst- und Nächstenliebe, das wach engagierte Dasein für Menschen und die gute Sorge zu sich selbst – ihr gutes Zusammenspiel bleibt eine Herausforderung auch in der heutigen Zeit. Und Raubbau an den Kräften und der Gesundheit von Leib und Seele zeigt sich weit verbreitet und bei vielen Zeitgenossen vielleicht sogar gravierender als zu eurer Zeit.

Lass mich schließen mit einem dankbaren Blick auf dich und eine Begegnung, die zeigt, wie sensibel du reagieren konntest, wenn es um das Wohl von Leib und Seele konkreter Menschen ging. Eine arbeitsame Näherin, die an eurer Klosterpforte nach einem Bußgürtel fragte, um sich auch körperlich spürbar in das Leiden Jesu zu vertiefen, brachtest du entschlossen davon ab: Das Leben bürde ihr Schmerzliches genug auf. Es reiche, mit den Strapazen des Alltags

Konrads Pfortenzimmer im heutigen Konradskloster Altötting mit Schreibtisch, Pfortenfenster, Pfortenglocke, Tür und Bett

geduldig umzugehen und mit dieser Last klarzukommen. Tatsächlich: Nicht um Schmerzen zu suchen und Leben zu mindern sind
wir in der Nachfolge Jesu gerufen, sondern um Menschen aufzurichten, Fesseln zu lösen, Ausgeschlossene zurückzubringen, Krankes zu heilen und Frieden in die Häuser und Dörfer zu tragen. Dazu
hat Jesus seine Freunde gesandt. Nur aufrecht, frei und friedfertig
Lebende können diese Sendung wirksam wahrnehmen. Dein Leben
spricht eindrücklich vom freimütigen und befreienden Einsatz für
andere. Deine fragile Gesundheit jedoch und deine einseitige Selbstlosigkeit mahnen uns, eigene Formen des Raubbaus an Leib und
Seele wach zu erkennen: an uns selbst und in anderen. Sei uns auch
darin Ansporn und Hilfe, Bruder!

# XVI. Geschwister und Freunde – Raum für intensive Beziehungen

Konrad schreibt bereits in seinem ersten Brief an die Geschwister, sein Tag sei „zum Beten und Arbeiten eingeteilt" und es bleibe ihm wenig freie Zeit. *Ora et labora* kennzeichnet die Praxis des klösterlichen Lebens seit Benedikt von Nursia, auch wenn sich das Motto „Bete und arbeite" selbst nicht wörtlich in seiner Ordensregel findet. Tatsächlich regelten die Benediktiner ihren Alltag in einem ebenso ausgewogenen wie ausfüllenden Rhythmus schön gestalteter Gottesdienste, körperlicher und geistiger Arbeit sowie Essens- und gemeinsamer Erholungszeit. „Müßiggang" galt als Verlockung zu Unnützem oder Verlust der inneren Sammlung. Beziehungen zur Außenwelt waren ursprünglich kaum vorgesehen. Franz von Assisi hat sich von diesem monastischen Klosterideal entschlossen distanziert. Sein und seiner Brüder Leben „in den Fußspuren Jesu" fand mitten in der Welt statt, offen für die Begegnungen unterwegs. Arbeit fanden sie auf den Feldern der Bauern, in Hospitälern und städtischen Häusern, um sich damit den Lebensunterhalt zu erwerben. Für das Gebet brauchte Franziskus keine Bücher, und stille Freiräume für Kontemplation erwarteten ihn allein oder mit Gefährten in bezaubernd schönen Bergwäldern – wohin er sich nicht selten bis zu vierzig Tage zurückzog. Wenn das religiöse Leben darin besteht, als Sohn Gottes und Freund Jesu in der Freiheit des Geistes Bruder zu sein, sei es den Gefährten wie jedem Menschen, dann kommt Beziehungen zentrale Bedeutung zu: Bruder oder Schwester ist jemand nicht sich selbst, sondern mit anderen, durch und für andere.

Wache Einblicke in Konrads Leben zeigen, dass dieses sich zwar in einer klösterlichen Welt entfaltet, jedoch alles andere als das Ideal monastischer *fuga mundi* (Weltflucht) vor Augen hat. Brüderlichkeit steht denn auch markant in seinen elf Vorsätzen, verbunden mit dem Wunsch, sich immer als sensibler Bruder zu verhalten. Er tut dies, wie seine vielfältigen Begegnungen und seine Hingabe an der Klosterpforte zeigen, sowohl gemeinschaftsintern wie den unterschiedlichsten Menschen gegenüber, denen er tagein-tagaus die Türe öffnet. Und als Bruder wird Konrad am Ende auch heiliggesprochen: als ein zutiefst und vielseitig brüderlicher Mensch, der seine Gottesfreundschaft in konkrete Menschenliebe einfließen lässt. Geschwisterliche Beziehungen schließen, mit der Radikalität der Franziskusregel entfaltet, zwar Lebenspartnerschaft und exklusive Zweisamkeit, nicht aber Freundschaft aus. Das zeigt auch der Ordensgründer eindrücklich am Beispiel seiner Freundin Jacoba de' Settesoli, die er als junge Mutter und Witwe in Rom kennenlernte und bei der er immer wieder verweilte. Er wünschte sich seine *carissima* auch ans Sterbelager, und ihre mitgebrachten Kerzen und Mandelkuchen wie auch ihr Abschied sprechen von einer Freundschaft voller Vertrautheit und Zärtlichkeit.

In Konrads Beziehungsnetz sind über die brüderlichen Gefährten und liebevoll vertraute Besucher an der Pforte hinaus zweierlei Spuren inniger Beziehungen greifbar: Menschen, denen er in spezieller Weise verbunden war oder wurde und es auch blieb. Obwohl eine asketische Ordenserziehung damals dazu aufforderte, mit dem Namenswechsel beim Eintritt auch „Vaterhaus, Heimat" und bisherige familiäre Beziehungen hinter sich zu lassen, bleibt Konrad seinen Geschwistern zugewandt. Leider können bei der Zeugenanhörung von 1914 in Passau kein Bruder und keine Schwester mehr aussagen. Es sind Nachfahren und deren Angehörige, die indirekt berichten, was sie familienintern über den berühmten Onkel oder Großonkel erfahren haben. Die erhaltenen „Heimatbriefe" bleiben insgesamt kurz und karg, da Konrad eher mühevoll schrieb und seine Kommunikation das gesprochene Wort war. Wie ungeübt der kleine Pförtner sich schriftlich ausdrückte, zeigt sich an Vokabular und Stil: So schreibt er von „Parten" statt Pater oder Patres, „briederlich" statt brüderlich, „es ist schon lange Herr" statt „lange her", Zählen statt Zellen, „nähnen" statt nennen, „verhöllen" statt verhehlen, „begnadigt" statt „begnadet", „Adfändt" statt Advent und „Geschwisterte" statt Geschwister.

Dennoch lassen seine wenig geübten Schreiben nach Parzham auf eine innige Verbundenheit schließen. Als „geliebte Geschwisterte" spricht er die Seinen im ersten Brief an und lässt sie teilhaben an seinen Erfahrungen in der Probezeit. Sie erfahren, wie er sich in seiner neuen klösterlichen Welt fühlt: recht zufrieden, „friedlich untereinander", ohne Traurigkeit und mit „Freude im Herrn". Er verhehlt nicht, dass er sich einüben musste in das ungewohnte Miteinander mit „elf Brüdern und zehn Pater". Anfänglich „zu furchtsam", habe er sich jedoch bald besser zurechtgefunden. Auch seinen Geschwistern auf dem heimischen Hof wünscht er an der Schwelle zu 1850 „ein glückseliges Neues Jahr" und „alles Gute für Leib und Seele, was ich euch wünschen kann". Die Sammlung der greifbaren Briefe lässt vermuten, dass nur ein Teil erhalten geblieben ist. Jedenfalls weiß der nächste Brief, im Mai 1851 datiert, dass seine Geschwister „schon mit Sehnsucht" auf seine Nachrichten warten. Er kündigt ihnen den überraschenden Wechsel von

Altötting nach Burghausen an, ein Weggang, der „mich hart ankommt". Der Brief legt nahe, dass ihn Angehörige im Kloster besuchen, und sie sollen seine neue Adresse erfahren: die Geschwister und „all jene, mit denen ich gern umging". Wenn er als „Frater Konrad, euer unvergesslicher Bruder" unterschreibt, meint er fraglos, dass er die Seinen nicht vergisst. Er baut auch auf ihre Gebetsverbundenheit, auf dass er sein „Ziel glücklich erreiche und ein wahrer Sohn des Franziskus werde". Monate später schildert er den Geschwistern sein Leben im Kloster Burghausen, das ihn glücklich stimmt: Er spricht vom Freiraum für das Gebetsleben und einer Arbeit, die „nicht so hart" sei wie jene zuvor auf dem heimischen Hof. Das brüderliche Leben schildert er den Seinen als „fröhlich", um über das Zwischenmenschliche hinaus beizufügen: „Wir freuen uns aber auch im Herrn." Dass ihm diese spürbare gemeinsame Freude am Herrn auf dem Hof zu kurz kam, lassen die abschließenden Ermunterungen erahnen. Nicht als Frater Konrad, sondern als „Johannes Birndorfer, gutmeinender Bruder" schließt er, nachdem er seinen Geschwistern Hinkehr zu und gemeinsames Vertrauen auf Gott ans Herz gelegt hat.

Ein nächster Brief folgt im Frühjahr 1852 aus dem Noviziat in Laufen. Nach längerem Schweigen, wie es die Noviziatsordnung auch vorsah, lässt er seine Geschwister wissen, dass er oft an sie denke und „täglich für euch, für euer geistliches und leibliches Wohlsein" bete. Er teilt gesundheitliche Sorgen mit und bittet um ihr Gebet, damit er seinen Weg fortsetzen kann: gut unterwegs, „recht zufrieden in Gott" und ohne Versuchung, in die bäuerliche Welt zurückzukehren. Den Geschwistern wünscht er dagegen, dass sie in ihrer Alltagswelt „recht wohl in Frieden leben" und Gottes Segen erfahren. Der Brief endet

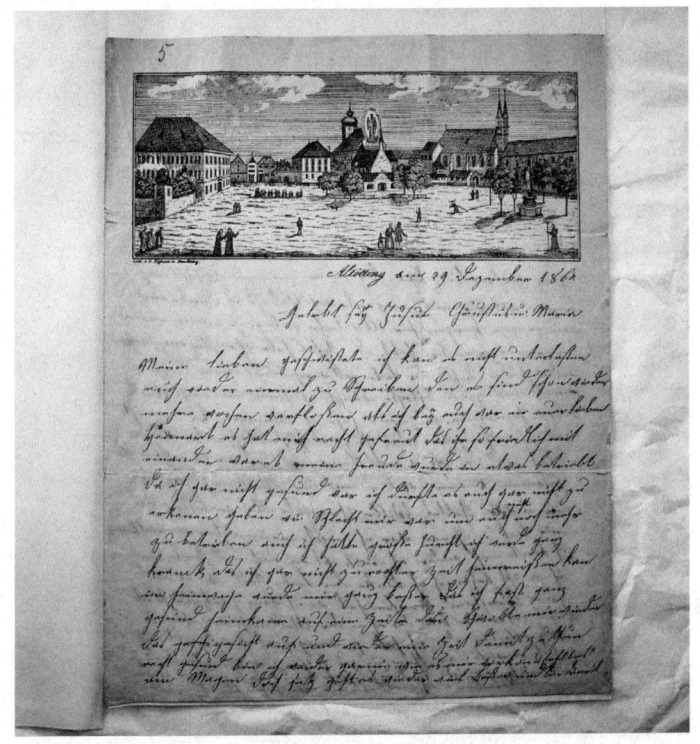

Konrads Heimatbrief von Ende Dezember 1864

mit „Bruder Konrad – Es lebe Jesus und Maria in unseren Herzen!"

Ein nächster Brief ist erst von Ende Dezember 1864 erhalten. In der Zwischenzeit waren drei Geschwister gestorben: Bartholomäus als Erster 1854 in Bayerbach, vier Jahre später Maria in Karpfham und im März 1863 Josef in Parzham. Es ist kaum denkbar, dass Konrad nicht auf die Schicksalsschläge reagiert hätte – ein weiteres Indiz dafür, dass uns nur ein Teil seiner

Briefe erhalten ist. Der Neujahrsbrief verrät uns zudem, dass Konrad „vor mehreren Wochen" auf Heimaturlaub war. Dabei differenziert er zwischen „eurer lieben Heimat", in der die Geschwister zu seiner Freude „so friedlich miteinander" leben, und seinem eigenen „Heimweg" und „Heimkommen" nach Altötting. Möglicherweise war es Konrads erster Besuch seit der Beerdigung seines ältesten Bruders Josef, der im Jahr zuvor auf den Friedhof von Weng gebettet worden war. Um die Geschwister „nicht noch mehr zu betrüben", verbirgt er ihnen eigene gesundheitliche Probleme. Seine Zeilen zeigen sich tief dankbar für „alles liebe Gute", das seine Geschwister ihm in jenem Urlaub erwiesen haben. Zugleich spricht er die Trennung an, die seine Berufung ihm und ihnen zumutete: „Denn es war Gottes Wille, ich musste alles verlassen, was mir lieb war ..., ich konnte nicht anders." Die damals errungene Entscheidung hat sich als richtig erwiesen: „Ich danke dem lieben Gott, dass er mich zum Ordensstand berufen hat, wo ich ganz glücklich und zufrieden bin, was ich in der Welt nicht war." Und über die räumliche Trennung von seinen Geschwistern tröstet er sich und sie mit der Gewissheit: „Im Geiste bin ich ja oft bei euch", und: „Im Frühjahr werdet ihr ja nicht zu lange ausbleiben." Das ist ein deutlicher Hinweis auf Besuche der Seinen in Altötting und Begegnungen mit ihnen im Wallfahrtsort, wobei das Schreiben über die Parzhamer Geschwister hinaus auch „die Finklin und den Michl Bernwinkl" im Blick hat. Damit sind ein Freund und die erweiterte Verwandtschaft mit angesprochen.

Der erhaltene Brief auf Neujahr 1871 hin lässt das steigende Alter der Geschwister anklingen: Das neue Jahr möge ein „recht glückliches, ein recht reiches werden für den Himmel, für die Ewigkeit". Die drei in Parzham verbliebenen Geschwister Anna, Theresia und Georg werden an Neujahr das Grab ihres Bruders Josef besuchen. Anna leidet bereits an Tuberkulose und folgt ihm vier Jahre später in die Ewigkeit. Dass sie alle je auf eigenem Weg so leben, dass sie „auf den Himmel zugehen" und „dass wir einmal im Himmel zusammenkommen", nach dem „Willen Gottes" hier „auf Erden voneinander geschieden", ergänzt seine Wünsche ins neue Jahr. Zugleich zeigt sich Konrad sehr wohl mit der aktuellen Lebenswelt seiner Geschwister vertraut. Offenkundig teilen auch sie ihre Freuden und Sorgen mit, sei es anlässlich von Wallfahrten nach Altötting oder brieflich, sei es bei Besuchen Konrads während des Jahres in Parzham. An den zwei, drei Tagen, die er jeweils dort bleibt, besucht er seine Lieblingskirchen in der Umgebung, betet viel und isst wenig. Dass er die Verhältnisse auf dem Hof wach vor Augen hat, zeigt sein Neujahrsbrief von Ende 1870 mit dem Rat, eine weitere Magd anzustellen, damit Theresia ihre krampfenden Beine schonen könne. Kontakte schaffen auch Knecht Andreas Kasper und Dienstboten des Hofes, die regelmäßig Äpfel nach Altötting bringen. Sein Neffe Johann Birndorfer, Bartholomäus' Sohn, schreibt über seinen Besuch im Kloster: „Sooft ich ihn in Altötting besuchte, nahm er mich freundlich auf, ließ sich aber in seinem Amte als Pförtner nicht abwendig machen, besonders nicht den Armen gegenüber." Dabei habe sich sein Onkel „in weltliche Angelegenheiten seiner Verwandten" nicht eingemischt.

Anfang 1892 übergaben Konrads alternder Bruder Georg und seine Lieblingsschwester Theresia den Hof an Josef Bachmaier, den Enkel der ältesten Schwester Maria. Deren Tochter Creszentia hatte 1862 Josef Bachmaier senior geheiratet und mit ihm das Gasthaus zu Schönburg übernommen. Im August

1892 heiratete nun der Sohn des Wirtepaars, seit Kurzem Bauer in Parzham, Elisabeth Moser, die bereits zuvor mit ihrer jugendlichen Tochter Katharina auf den Venushof gezogen war. Die Hochzeit des bereits reifen Paares erlebte der alte Bauer Georg nicht mehr, da er zwei Monate nach der Hofübergabe am 27. März 1892 starb. Der Guardian schickte Konrad im folgenden September für ein paar Tage nach Parzham, um die Schwester zu trösten. Zunehmend geschwächt, reiste der 70-Jährige mit der Eisenbahn. Die 1879 eröffnete und nun auch bis Passau verlängerte Rottalbahn ließ ihn von Neuötting über Mühldorf und Neumarkt nach Bayerbach reisen, wo sein Großneffe ihn mit Ross und Wagen abholte. Es sollte Konrads letzter Aufenthalt in Parzham werden. Der Hoferbe beschreibt die rührende Begegnung zwischen „Hansl und Resl". Das weiche Bett, das der neue Bauer ihm bereitet hatte, bat Konrad wieder durch einen Strohsack zu ersetzen, wie er das von früher und im Kloster gewohnt war. Vormittags betete er in den vertrauten Kirchen von Weng und St. Wolfgang, mittags aß er mit der Familie in Parzham, nachmittags besuchte er die neue Wallfahrtskapelle auf dem Kronberg bei Griesbach und abends saß er mit seiner Schwester und der jungen Familie zusammen. Theresia starb ein halbes Jahr später am 7. April 1893 altersschwach.

Während der viel beschäftigte Pförtner seine Geschwister nur sporadisch sah und der briefliche Kontakt eher beschwerlich war, entwickelten sich in Altötting und seinem Umfeld tiefe Freundschaften. Eine frühe Freundschaft reicht in seine Schulzeit zurück. Mit Michael Bärenwinkler, Mesnersohn von St. Wolfgang, hatte Konrad bereits in jungen Jahren Wallfahrten nach Passau unternommen und sich intensiv ausgetauscht.

Der Freund wurde Schneider, blieb ledig und ein inniger Beter. Jeden Herbst kam er an seinem Namenstag zum Michaelsfest am 29. September nach Altötting. Während des Jahres schrieben die beiden einander Briefe. Michael starb im November 1908, leider noch vor der Zeugenanhörung in Passau.

Eine weitere Freundin, mit der Konrad in Altötting selbst in eine innige Gebetsgemeinschaft trat, war Anna Reitinger. Sie lernte den Bruder als 16-jährige Jugendliche an der Pforte von St. Anna kennen. Erwachsen geworden, fand sie 1866 Arbeit als Näherin im Mädchenheim „Josefsburg" bei den Maria-Ward-Schwestern (die sich heute *congregatio Iesu* nennen). Da Anna für die Botengänge zum Kapuzinerkloster zuständig war, sah Konrad sie während 28 Jahren fast täglich. Die Näherin trat in den franziskanischen Dritten Orden ein, blieb Jungfrau und gönnte sich weite Pilgerreisen, so auch einmal nach Rom und zweimal nach Jerusalem. Konrad und Anna verbanden sich in einer tiefen Gebetsgemeinschaft, in der sie nach einer damaligen Sitte auch zweimal monatlich füreinander zur heiligen Kommunion gingen. Anna starb 1922 im hohen Alter von 82 Jahren.

Von einer dritten Freundin kennen wir den Namen nicht, doch sind drei Briefe Konrads an sie überliefert. Es muss sich um eine franziskanische Frau handeln, die er wie eine Ordensfrau als „ehrwürdige Schwester" ansprach. Die drei erhaltenen Briefe zeugen von Seelenverwandtschaft. Ein erster überlieferter Brief datiert vom 28. April 1872. Konrad spricht die Vertraute als „meine gute Schwester" an, die er zunächst noch siezt. Das Schreiben erinnert an ein vorausgehendes Gespräch, das im Pförtner „das innigste Mitleiden mit Ihnen" weckte. Die Frau schrieb ihm danach und fragte, wie er denn mit den angesprochenen Schwierigkeiten umgehe. Konrad lässt sich auf einen vertrauensvollen Austausch auf Augenhöhe ein: „Sie wollen wissen, wie ich es mache, und ich möchte bitten zu schreiben, wie Sie es machen." Es geht um fragile Gesundheit und eine Erkrankung der Frau, um Liebe und Leid im Alltag, um Kraft aus konkret gelebter Gottverbundenheit, den Umgang mit der eigenen Fehlerhaftigkeit, immer stärkere Sanftmut und Geduld. „Frater Konrad" schreibt freimütig, selbstkritisch und teilt zugleich Mystisches mit. Seine Zeilen drücken die Freude aus, dass die Schwester „ja gewiss wieder nach Altötting kommen" werde: „Dann können wir schon mehreres reden." Er ermutigt sie, bis dahin erneut zu schreiben, auch wenn er selber „nicht oft schreiben" dürfe.

Ein zweiter Brief an die Schwester ist von Anfang August 1872 überliefert. Die „ehrwürdige Schwester" wird inzwischen – nach zwei Briefen und einem weiteren Aufenthalt in Altötting – mit Du angesprochen. Weit vertrauter und beherzter als zuvor ermutigt er die Angesprochene, in ihrem Vertrauen zu wachsen: „Unser Vertrauen muss groß sein und unsere Liebe noch größer. O meine Schwester, der Liebe Gott meint es gut mit uns. Er hat uns mit vielen Gnaden überhäuft." Konrads Feder wird in der Folge immer leichter: „O unsere Liebe soll groß sein. Sie soll immer größer werden, da gibt es keinen Stillstand." Die Rede ist von der Gottesliebe, die beide entflammt. Der Brief endet mit folgender Erlaubnis: „Umgehen darfst du schon mit mir, wie du es mit dem Lieben Gott machst, [darfst mitteilen], was dir am Herzen liegt, und es mir so gut meinst wie mit dem Lieben Gott. Tun wir nur recht Gott lieben, dann geht es sicher dem Himmel zu." Konrad grüßt als „Euer Bruder" und verbleibt „in der Liebe Jesu und Maria".

Kapuziner heute am Sankt-Konradsfest. Konrad wurde als Gottesfreund und Bruder heilig: Sein Einsatz für die Gemeinschaft, seine Hingabe an der Pforte und seine tieferen Beziehungen zeichnen ihn als brüderlichen Menschen aus.

Auch diese Freundschaft ist uns leider nur fragmentarisch greifbar: Ein dritter Brief ist vom Vorabend des Franziskusfestes 1873 erhalten und lässt keine Zweifel, dass mehrere Briefe der Schwester vorausgehen. Konrad hält an seinem eigenen Maß an Austausch fest und lässt sich nicht drängen. „Umso inniger habe ich für dich gebetet", schreibt er der franziskanischen Schwester. Nicht seinen eigenen Rat hält er für entscheidend, sondern eine höhere Führung: „dass der Liebe Gott dich recht erleuchten möge, seinen Willen in allem zu erfüllen". Erneut geht es um „ein recht innerliches in Gott verborgenes Leben", um Innerlichkeit „auch mitten in den Geschäften, die unser Beruf mit sich bringt". Konrad hält fortschreitende Selbsterkenntnis, die Arbeit an sich selbst, Zeiten der Stille und des inneren Hörens für unentbehrlich, um im Guten vorwärtszukommen und vor Gottesliebe zu brennen. Er nimmt Anteil an Reise- und Pilgererfahrungen der Schwester und bedauert zugleich, dass sie bis auf Weiteres nicht nach Altötting kommen kann. Ihm selber gehe es gut: „Ich bin immer glücklich und zufrieden in Gott. Ich nehme alles mit Dank vom lieben Himmelsvater." Dessen „Liebe hat keine Grenzen". Mit dem Wunsch, dass sie für ihn bete, eilt er vom Schreibtisch selber in die Kirche, denn „das Glöcklein ruft mir ja bald wieder zum Lobe Gottes". Gemeinsame Gottesliebe und die Leidenschaft, diese im bewegten Alltag immer tiefer und reifer zu leben, verbindet Konrad in dieser geschwisterlichen Freundschaft, über deren Fortgang die vorhandenen Quellen schweigen.

# XVII. Innere Quellen –
## Nahrung für die Seele

Die Briefe an die befreundete Schwester eröffnen uns den persönlichsten Einblick in Konrads Innerlichkeit. Das erste Schreiben fasst in wenige Sätze, wie der mittlerweile 54-Jährige sich gelebte Spiritualität im Alltag vorstellt. Dass seine Sprache dabei dialekthaft eingefärbt bleibt, lässt uns den kleinen Pförtner umso authentischer hören:

*Meine Lebensweise besteht nun meistens darin: lieben und leiden, im Staunen und Anbeten und bewundern die namenlose Liebe zu uns armen Geschöpfen. In dieser Liebe meines Gottes komme ich an kein Ende. Da hindert nichts, da bin ich immer mit meinem lieben Gott, Maria, den Heiligen auf das Innigste vereiniget. Auch bei meinen vielen Geschäften bin ich oft umso inniger mit ihm vereinigt. Ich rede da ganz vertraulich wie ein Kind mit seinem Vater. Ich klage ihm da meine Anliegen, meine Bitten, was mich am meisten drückt. Dann bitte ich ihn, er möchte mir diese und jene Gnaden verleihen, aber mit recht kindlichem Vertrauen, ja mit recht großem Vertrauen. Habe ich gefehlt, dann bitte ich recht demütig, er möchte mir wieder verzeihen. Ich will ja ein recht gutes Kind werden. Ich will ihn dann umso inniger lieben. Und das Mittel, das ich gebrauche, mich in der Demut und Sanftmut zu üben, ist kein anderes als das Kreuz. Dies ist mein Buch. Nur [schon] ein Blick auf das Kreuz lehrt mich in jeder Gelegenheit, wie ich mich zu verhalten habe.*

Sich in seinem ganzen Sein, mit Stärken und Schwächen, Gaben und Grenzen von Gott selbst geliebt erfahren und diese Liebe erwidern erweist sich als Leitmotiv in Konrads Alltagsspiritualität. Im ergriffenen Staunen und innigen Danken für Gottes Zuwendung wünscht er sich „innigstes Vereintsein", eine Einigkeit, die sich durch nichts unterbrechen oder behindern lässt. Eine Hilfe dazu ist das innere Gespräch. Konrad übt kein Herzensgebet ein, das beständig dieselben Worte wiederholt. Mit geprägten Stoßgebeten reagiert er vielmehr in bestimmten Situationen. „Dein Wille geschehe!" ist eine Bitte des Vaterunsers, die ihm situativ über die Lippen kommt. Im franziskanischen „Mein Gott und mein alles" drücken sich Sehnsucht und Dank aus. Als ein stockbetrunkener Strafentlassener ihn an der Pforte fluchend anbrüllt, betet der Bruder mit einem Blick voller Mitleid und laut hörbar: „Mein Jesus, Barmherzigkeit!" Seiner persönlichen Gottverbundenheit ist das spontane und freie innere Beten lieb. Konrad vergleicht es mit einem Kind, das bei allem Tun vertrauensvoll und andauernd mit seinem Papa spricht, der ihm zuschaut. Bemerkt Konrad, dass sein Verhalten – Gedanken, Worte und Tun – einmal nicht gottgefällig gewesen ist, bittet er um Vergebung, um mit dem Gott der Liebe wieder ins Reine zu kommen. Hilfe gegen lieblose Reaktionen in emotionalen Stresssituationen, Enttäuschungen und Konflikten findet er im Blick auf den Gekreuzigten: den Gottessohn, der seinen Gegnern auch am Kreuz noch zugewandt bleibt, niemandem die Liebe aufkündigt und keinen aus seiner Hoffnung fallen lässt.

Der zweite dieser Briefe vertieft und erweitert das Thema der vertrauensvollen Liebe: „Unser Vertrauen muss groß sein und unsere Liebe noch größer." Konrad freut sich über „ein so inniges Verlangen" der Schwester, „sich Gott ganz zu schenken. Das ist ein so gutes Zeichen einer gottliebenden Seele". Die weiteren Zeilen lassen deutlich werden, dass diese Ganzhingabe sich auf Gott-Vater bezieht:

*Ihm wollen wir uns ganz schenken, dem lieben guten Himmelvater. Den wollen wir recht lieben. Oh, unsere Liebe soll groß sein. Sie soll immer größer werden, denn da gibt es keinen Stillstand. Ja unsere Liebe muss zu einer hellen Flamme werden, die alles verzehrt, was uns nicht inniger mit ihm vereinigt, und im Verkehr, mit ihm umzugehen, hindern könnte. Es ist genug, da komme ich an kein Ende.*

Konrad hat nicht Theologie studiert. Es war die Liturgie, die seine Gottesbeziehungen formte: mit den biblischen Lesungen der Evangelien und der Paulusbriefe, mit ihren Gebeten und Liedern. Wie Jesus, dessen Leben und Beispiel er sich vor Augen hält, spricht er mit Vorliebe zum Vater im Himmel. In dessen Licht und vor ihm selbst sieht er sich leben und handeln. Mit ihm möchte er eins sein und bleiben. Ihm gelten sein ganzes Vertrauen, seine Hingabe und Liebe. Er tut es mit einer geschenkten Kraft, die er als Flamme beschreibt: theologisch ein Bild für die Glut, das Licht und die Liebe des Heiligen Geistes. Die in den drei Briefen greifbare Spiritualität ist zutiefst trinitarisch: Sie schaut auf zum himmlischen Vater, folgt auf Erden dem Weg des Sohnes und vertraut auf die Kraft des Geistes.

Leonardo Boff spricht einem christlichen Glauben, der sich in diese drei Richtungen entfaltet, ein ganzheitliches und reifes Profil zu. Wer aufschaut zum väterlichen und mütterlichen DU Gottes über der Welt, lernt diese geschwisterlich zu sehen.

Wer Jesus Christus folgt, dem DU Gottes mit uns Menschen, engagiert sich für eine menschlichere und gerechtere Welt. Und wer das DU Gottes in sich erfährt, lebt inspiriert aus der Weisheit und Liebe des Heiligen Geistes.

Konrads dritter Brief kommt auf diese Erleuchtung zu sprechen, die Gaben des Heiligen Geistes und das innere Feuer, dem er sich mit Leib und Seele überlassen will. Und seine franziskanische Seele verbindet in den letzten Zeilen Innerlichkeit und Schöpfungsliebe untrennbar miteinander: „Ich möchte gar oft alle Geschöpfe anrufen, dass sie mir doch meinen Lieben Gott lieben helfen."

Über diese drei Briefe an eine franziskanische Schwester hinaus gibt es auch äußere Hinweise, die uns Aufschluss über Konrads Spiritualität und ihre Quellen geben. Konrad begann seine Arbeitstage in aller Frühe am Altar der Gnadenkapelle, wo er ministrierte. Er hatte dazu seit 1855 das seltene Privileg, täglich die Kommunion empfangen zu dürften. Das war für Laienbrüder damals nur viermal wöchentlich vorgesehen und bei engagierten Laien meist auf die monatlichen „Seelensonntage" beschränkt. Ein junger Student und ein durchreisender Kapuziner, die Konrad in der Wallfahrtskapelle am Altar kniend erlebten, beschreiben Lichtphänomene. Die Akten sprechen von Lichtkugeln, die aus Konrads Mund zum Gnadenbild aufstiegen, und dass der Bruder „in einen glänzenden Nebelschleier gehüllt" schien. Das im Licht funkelnde Gnadenbild bildet gleichsam den Gegenpol zum Kreuzesbild: Es zeigt die Gottesmutter mit dem Kind – Jesus am Anfang seines irdischen Weges. Dessen Leben betrachtete Konrad, wenn ruhige Momente Raum für die spirituelle Lektüre boten. Er zerlas sein persönliches Exemplar der *Nachfolge Christi* schon in jungen

Jahren und notierte ins Buch hinein, was ihn berührte. Im hektischen Alltag half ihm ein Blick auf das Kreuz, sich nicht zu vorschnellen Reaktionen hinreißen zu lassen. Bereits in Parzham hatten ihn Kruzifixe in Stall und Zimmer daran erinnert, dass Jesusnachfolge sich mitten in der Arbeitswelt, im Einsatz der eigenen Talente und im Umgang mit Menschen bewähren muss. Konrads anfängliche Schwierigkeit, im reich befrachteten und oft turbulenten Alltagsgeschehen Arbeit und Gebet zu koordinieren, lösen sich mithilfe der jährlichen Exerzitien: mit Impulsen gestaltete und begleitete Intensivzeiten, zu denen die Provinz jedem Bruder alljährlich arbeitsfreien Raum gab. Sie verhalfen Konrad, in der eigenen Lebensgestaltung Klarheit und Ruhe zu finden.

Eine weitere Hilfe sind geprägte Orte, an denen er sich auch in kurzen Zwischenzeiten innerlich sammeln kann: die Alexiuszelle unter der Konventstreppe, ein paar Schritte von seiner Pförtnerzelle entfernt, die ihm den Blick auf den Altar der Annakirche freigab, mittags der Klostergarten oder ein Gang in die Gnadenkapelle, wenn ihn sein Pfortengehilfe ablöste. Auch moderne Menschen kennen die Erfahrung, dass ein bestimmter Weg in der Natur, eine Kapelle oder eine leere Kirche, eine stille Sitzbank unter einem Baum oder eine Meditationsecke daheim zur Sammlung einladen. In Konrads Alltag kommt zu den persönlichen Orten auch ein zeitlicher Rhythmus hinzu. Der im Brief erwähnte Ruf des Glöckleins lud die Brüder in regelmäßigen Zeiten zum Stundengebet. Wenn Konrads Aufgabe ihn während des Tages an die Pforte band und ihm die Teilnahme am Gemeinschaftsgebet verunmöglichte, zog er sich zeitnah und alternativ dazu in die Alexiuszelle zurück, um ebenfalls innezuhalten. Dabei half ihm der

Br. Karl Frank erinnert heute an den Bierausschank von Bruder Konrad. Kupferkanne, Brett und Steinkrüge sind Originale. Im Jahr 1880 wurden ca. 38.000 Liter Bier ausgeschenkt.

Schutzraum dieses Kämmerchens, mit Leib und Seele zu beten, mit ausgebreiteten Armen oder liegend und in persönlichen Worten.

Zu Gottesdiensten, spiritueller Lektüre, hilfreichen Orten und einem tragenden Tagesrhythmus kam ein Fünftes hinzu: Verzicht auf leeres Gerede, Liebe zur Stille und Schweigsamkeit als Offenheit der Seele für das, was sie tiefer bewegt, berührt und erfüllt als oft allzu viele und unnütze Worte. Konrad zeigt, dass man auch mitten in Altöttings Wallfahrtsgetriebe und in zahlreichen Begegnungen ein gesammelter Mensch bleiben kann. Alois Winklhofer sieht in dieser Kunst, „die innere Sammlung, die Gegenwart Gottes im Geiste" im Rummel eines Wallfahrtsortes zu bewahren, Konrads eigene „religiöse Genialität". Diese „kam nicht aus der Perfektion und wurde nicht zur Routine". Jeden Tag neu geübt,erlebte sie „eine täglich bunte Schar von Besuchern an der Pforte …, der er mit einer immer gleichbleibenden Ruhe, ohne Spuren des Ärgers, in aller Klugheit gerecht zu werden suchte, immer eine Atmosphäre der Stille um ihn". Und diese innere Sammlung bewirkte, „so kurz er mit jedem sprach, eine ganz persönliche Begegnung mit jedem, jedem wendete er sein Herz und sein Gesicht zu. Niemand war für ihn ein gesichtsloser Kunde". Konrad ist „diese einzigartige Komposition von Sammlung in sich und Offenheit" für unterschiedlichste Menschen gelungen, denen er brüderlich begegnete.

# XVIII. Gast auf Erden – Ein Pilger am Ziel

Konrads Briefe an seine alternden Geschwister in Parzham sprechen die Hoffnung aus, „dass wir einmal im Himmel zusammenkommen", und sie wünschen, dass Menschen in dieser Welt auf „den Himmel zugehen". Mit Franz von Assisi, der seine Brüder in der Ordensregel „als Pilger und Gäste auf Erden" unterwegs sieht, lebt der Kapuzinerbruder glücklich in der geschaffenen Welt und zugleich ausgerichtet auf eine ewige Heimat. Dort, in der Vollendung, weiß er Maria, von deren himmlischer Schönheit das leuchtende Gnadenbild in der Wallfahrtskapelle kündet. Vorausgegangen auf dem irdischen Pilgerweg und nun glücklich in der Gemeinschaft der Vollendeten sieht Konrad auch seine Lieblingsheiligen, Franz von Assisi und Antonius von Padua sowie weitere heilige Franziskaner und Kapuziner. Die Heiligsprechung des Laurentius von Brindisi, unter dessen Regie die ersten Kapuziner nach Innsbruck, Wien, München und Prag gekommen waren, feierte er im Jahr 1881 mit Freude mit. Vom 1712 verstorbenen Kapuziner Martin von Cochem benutzte er dankbar das „Weltlicher Leuten Mess-Buch", welches die damals nur lateinisch gefeierte Messe auch Laien erschloss.

Nicht nur die verehrten Heiligen sah Konrad in der Vollendung, sondern auch seine Geschwister hatten allesamt vor ihm das Ziel aller Wege erreicht: Sein Bruder Bartholomäus war bereits 1854, die älteste Schwester Maria 1858 und Bruder Josef im Jahr 1863 gestorben. Anna folgte im Mai 1875, Gertraud im April 1885, Georg im März 1892 und Theresia als letzte im Februar 1893. Konrads eigener Lebensweg ließ ihn nach dem Tod seiner

Lieblingsschwester „Resl" noch ein weiteres Jahr an die Kloster-pforte von St. Anna gehen. Er tat es immer langsamer, gebeug-ter, von Magenproblemen und drei Lungenentzündungen ge-schwächt. Br. Deodat Ring sah ihn noch vier Tage vor seinem Tod, hustend und mit Atemnot, ein 20-Liter-Gefäß mit Leicht-bier und einen großen Brotkorb für die Armen zur Pforte schlep-pen. Am 18. April 1894 musste er sich nach dem Altardienst in der Wallfahrtskapelle am frühen Vormittag wieder hinlegen, weil er sich schwach fühlte. Am Nachmittag raffte er sich auf und schleppte sich zu seinem Oberen, der beim Vesperbrot saß: „Pater Guardian, ich meine, jetzt geht's nicht mehr." Br. Alois Schmid, dem er in der Frühe noch am Altar gedient hatte, ent-lastete ihn nun umgehend von seinem Dienst, der dem Pförtner durch 41 Jahre so lieb war, dass er ihn um nichts in der Welt hat-te ablegen wollen. Er teilte Konrad die Muttergotteszelle zu, in der er jeweils auch während seiner jährlichen Exerzitientage ge-wohnt hatte. Dort kümmerten sich der Hausarzt Dr. Zahler und Br. Primus Häusler als Krankenwärter um den Erschöpften.

Am dritten Tag, Samstag, den 21. April, sah der Arzt das Ende nahen. Der Guardian bot Konrad die Sterbesakramente an, auf deren Empfang er sich ruhig und gesammelt vorbereitete. Auf die Frage, ob der Tod ihn ängstige, antwortete der Sterbende vertrauensvoll: „Wie Gott will." Vor dem Abendgebet der Brü-der ermutigte er den Krankenbruder, zu einem anderen Pati-enten zu gehen, der in rief. Während des Chorgebetes klingelte es zweimal an der Pforte. Konrad raffte sich auf und nahm die brennende Kerze, um sich auf den Weg nach unten zu machen. Da kam ihm vom Brüderchor her Br. Christoph Bauer entgegen, ein eben erst eingekleideter Novize. Ihm sank er in die Arme und starb sechs Minuten später auf seinem Lager. Statt an die

Klosterpforte führten die letzten Schritte des dienstfertigen Pförtners an die Himmelstür. Es war 19 Uhr, und die Glocken der Kloster- und der Stiftskirche läuteten eben zum Angelus: Allabendlich lud dieses Volksgebet die Gläubigen in der Stadt ein, im Ave Maria an die eigene Sterbestunde zu denken. Konrad war genau fünfzig Jahre zuvor in seiner Pfarrei in die „Bruderschaft zum Trost der Sterbenden" eingetreten – und ihm wurde damals die Gebetsstunde von 19 bis 20 Uhr zugeteilt.

Die Gewissheit, einen besonderen Bruder zu Grabe zu tragen, zeigt sich im Umstand, dass der Guardian den Aufgebahrten fotografieren ließ, bevor man ihm die Kapuze der Kutte über den Kopf zog. Es sollte die erste und einzige Aufnahme des Pförtners sein, der drei Tage aufgebahrt vom Volk ein letztes Mal besucht und von vielen bereits als Heiliger verehrt wurde. Am Dienstag, den 24. April, wurde nach dem Requiem im Kloster der Sarg des Verstorbenen dem ortsüblichen Brauch folgend einmal um die Gnadenkapelle getragen. Durch die Menschenscharen, die den weiten Kapellplatz füllten, führte der letzte Gang zurück in die Kapuzinerkirche, wo Konrad in der Gruft bestattet wurde, in der er selber so oft für die verstorbenen Brüder gebetet hatte. Der Mesner der Gnadenkapelle ließ es sich nicht nehmen, dazu das alte Turmglöckchen zu läuten. Da die Kapuzinergruft in der Klausur lag, klopften Menschen fortan von der Straße aus an ein Fensterchen nahe der Gruft, um dem verehrten Pförtner ihre Anliegen anzuvertrauen.

Auch unter den Brüdern verdichtete sich die Gewissheit, den Leib eines Heiligen in ihren Mauern zu hüten, dessen Seele bereits in den Himmel eingegangen ist. Br. Wolfgang Berger, der Vikar des Klosters, hielt in der Chronik fest: „Im Kloster der hl. Anna in Altötting starb unser lieber Mitbruder Konrad

Birndorfer von Parzham, im Alter von 76 Jahren ... 41 Jahre hindurch versah er in diesem von Armen und Pilgern viel besuchten Kloster sanftmütig und demütig das äußerst schwierige Amt des Pförtners. Allen seinen Mitbrüdern war er ein Beispiel ..." und er starb „im Kusse des Herrn". Die Zeitschrift des weltweiten Kapuzinerordens präzisierte, dass „alljährlich mehr als 300.000 Gläubige aus Deutschland und Österreich" an diesen Wallfahrtsort kamen und „Bruder Konrad an diesem Platz mehr als 40 Jahre Pförtner war: fleißig, schweigsam, unerschütterlich geduldig ..., innerlich, in Gott lebend, schlicht, als reifer und arbeitsfroher Bruder von Mitbrüdern und Weltleuten geehrt und geliebt". Br. Viktrizius Weiß aus Eggenfelden an der Rott, mehrfach Provinzial und als solcher ebenfalls in Altötting zu Hause, leitete die Provinz auch in den Jahren 1893 bis 1899 wieder. Er war nicht vor Ort, als Konrad starb, eilte jedoch zu seiner Beerdigung. Eigenhändig trug er danach ins Professbuch der Provinz ein, dass „das Volk den Pförtner als Heiligen verehrte". Er selbst vertraute sich in schweren Anliegen der Fürsprache des Verstorbenen an. 1902 widmete die Provinzgeschichte der bayerischen Kapuziner, die Br. Angelikus Eberl im Herder-Verlag herausgab, Bruder Konrad eine volle Seite samt Foto. Sie würdigte sein Leben und Wirken in einem Konvent, der mittlerweile 74 Zellen aufwies, seinen „mehr als beschwerlichen Dienst" als Pförtner des Wallfahrtszentrums und seine innige Gottesfreundschaft. Der Provinzhistoriker bemerkt dazu: „Konrad betete viel und betete gut."

Ungezählte Wallfahrer kamen nun auch zum Kapuzinerkloster und wünschten das Grab des Pförtners zu sehen. 1904 wurde die Gruft erstmals und vorübergehend zugänglich gemacht. Br. Josef Anton Kessler begann, die Gebetserhörungen aufzu-

*Bruder Konrad auf dem Sterbelager, einziges Foto des Heiligen*

zeichnen. Zugleich erhoffte er sich als Guardian 1908, dass Konrad ihm vom Himmel her helfe, das Projekt einer großen Wallfahrtskirche neben dem Kloster umzusetzen. Denn die Stiftskirche, die Magdalenakirche und die Klosterkirche reichten an vielen Wallfahrtstagen nicht aus, die Massen von Gläubigen zu fassen. Dass sich die Hindernisse in kurzer Zeit überwinden ließen und die St.-Anna-Basilika am 13. Oktober 1912 eingeweiht werden konnte, schrieb er Bruder Konrad zu. Fortan trieb er den Heiligsprechungsprozess für den verehrten Mitbruder gezielt voran. Am Tag nach der Weihe der Anna-Basilika wurden Konrads Gebeine von der Gruft in die Kapuzinerkirche übertragen, wo ihr neues Grab fortan für die Gläubigen zugänglich war.

# XIX. Bruder statt Herrenmensch – Konrads Heiligsprechung

1914 konnte sich die bayerische Kapuzinerprovinz gut dokumentiert an den zuständigen Bischof von Passau wenden. Dieser eröffnete umgehend den Informativprozess, dessen Zeugenbefragung und verschiedene Gutachten 1434 Seiten Akten füllten. Während die Passauer Experten zwischen April 1914 und Januar 1915 in 95 Sitzungen Konrads Leben ausleuchteten, verzögerte der Weltkrieg den Fortgang des Prozesses in Rom. Dort ging das Verfahren erst 1920 weiter und mündete ab 1925 in den apostolischen Seligsprechungsprozess. Fünf Jahre später, Mitte Juni 1930, wurde Bruder Konrad vom Papst am Dreifaltigkeitssonntag seliggesprochen und seine Verehrung damit in der Kirche offiziell erlaubt. Dass bereits vier Jahre später seine Heiligsprechung folgte, ist mit Blick auf den Machtwechsel in Deutschland nicht nur als höchste Anerkennung eines beispielhaften Lebens, sondern auch als politische Provokation und als deutliche Kritik am Machtwahn des Nationalsozialismus zu verstehen. Wenige Monate zuvor war die Weimarer Republik untergegangen. Hitlers Partei hatte die erste demokratische Ordnung des nachkaiserlichen Deutschlands in kurzer Zeit mit Gewaltmethoden ausgehöhlt, die Alleinherrschaft errichtet und mit allen anderen Parteien auch die katholische „Deutsche Zentrumspartei" verboten. Die Westmächte glaubten zunächst wie Papst Pius XI., auf dem Verhandlungsweg und mit Zugeständnissen den bedrohlichen Machthunger des Diktators einzudämmen. Konrads Heiligsprechung stellt eine erste Provokation der Nazis durch den Papst dar, der ihre Ideologie und Politik drei Jahre später in der Enzyklika *Mit brennender Sorge* ausdrücklich verurteilen sollte.

Dem elitären Rassenwahn der Nationalsozialisten wird die Geschwisterlichkeit eines schlichten Kapuziners entgegengestellt, ihrem Machthunger die dienstfertige Mitmenschlichkeit des Bruders, der Ideologie der arischen Selbstverherrlichung die christliche Ehrfurcht vor Gott und jedem Menschen. Da seit dem 1622 verstorbenen Kapuziner Fidelis von Sigmaringen erstmals wieder ein Deutscher zur Ehre der Altäre erhoben wurde, fand Konrads Heiligsprechung reichsweit hohe Aufmerksamkeit. Gegen die Kampfansage der NSDAP, welche die christliche Religion dem eigenen Messianismus Hitlers dienstbar zu machen und die Kirchen in die Sakristeien zu verbannen suchte, fand Pius XI. bei Konrads Heiligsprechung an Pfingsten 1934 deutliche Worte. Ein Jahr nach Hitlers Machtergreifung sprach der Papst vor der Weltöffentlichkeit und zu einer großen deutschen Festgemeinde, zu der vierzehn deutsche Bischöfe, der Kardinal von München und Staatsmänner der ehemaligen Weimarer Republik zählten: „Sie kommen zu uns in einer so wichtigen, so schweren, so schicksalsvollen Stunde der Geschichte Deutschlands und ganz besonders der Geschichte der Religion, der katholischen Religion in Deutschland. Sie kommen ... mit den festen Vorsätzen, diesen Schatz zu bewahren, für ihn zu kämpfen ... Wir hoffen, dass auch dank dieses neuen Verteidigers und himmlischen Advokaten, dieses gütigen heiligen Konrad von Parzham bald bessere Zeiten anbrechen werden."

Der neue deutsche Heilige wurde in ganz Deutschland gewürdigt. Verschiedene Bischöfe machten sein Leben und seinen Geist in Hirtenbriefen bekannt, die in allen Pfarreien verlesen wurden. Die Nationalsozialisten sahen sich durch diese Gegenbotschaft zu ihrer Ideologie unliebsam überrascht und suchten sie zu untergraben. Der Bauer aus Niederbayern wurde von Hitlers Partei als Faulpelz dargestellt, der sich auf seinem Hof von der Arbeit drückte und im Kloster ein bequemeres Leben suchte. Die Konfrontation zwischen Konrad-Verehrung und Strategie der Nazi spitzte sich zu. In Altötting erinnerten Redner an der Heiligsprechungsfeier vom 25. August bis 9. September 1934 eindringlich an die päpstliche Warnung vor allen, „die vom rechten Weg der Wahrheit abirren, die heidnische Gebräuche und Sitten erneuern und zu verherrlichen suchen, die christliche Lehren aber zurückweisen und verachten". Im folgenden November 1934 lud die Katholische Aktion in den berühmten Sportpalast, in dem Hitlers Regime seine Großveranstaltungen abhielt, die Naziherrschaft propagandistisch inszenierte und auch den totalen Krieg ausrufen sollte. Die Jahresversammlung der katholischen Laienorganisation war Bruder Konrad gewidmet. Der Großaufmarsch geriet nach der Unterdrückung aller politischen Parteien zum massiven Protest gegen die Machthaber. Als hätte Hitlers Propagandaminister Lunte gerochen, versuchte Joseph Goebbels Tage zuvor die 10.000 Plätze bietende Versammlungshalle an diesem 21. November kurzfristig selber zu beanspruchen, was die Organisatoren mit Berufung auf den rechtsgültigen Mietvertrag energisch verhinderten. In seiner Eröffnungsrede im überfüllten Sportpalast sagte der Berliner Generalvikar Paul Steinmann herausfordernd: „Bischöfe, Priester und Volk, so zusammenstehend wie heute, sind ein unüberwindliches Bollwerk gegen den Unglauben." Eine Folge dieses kämpferischen Protests war zwei Wochen später das Verbot aller öffentlichen „religiösen Feiern und Massenveranstaltungen" durch Hermann Göring, Gründer der Geheimen Staatspolizei und zweiter Mann im NS-Staat. Der Staat dürfe nicht zulassen, dass „die Verehrung von Heiligen in einer Weise in die Öffentlichkeit getragen" werde, die „aus propagandistischen Gründen" und „unter dem Deckmantel religiöser Feiern ... nicht nur die Sicherheit der Bevölkerung" gefährden, sondern auch „Staatsfeinden" Raum für getarnte Agitation bieten. Daher seien „mit sofortiger Wirkung bis auf Weiteres sämtliche öffentliche Veranstaltungen und Kundgebungen kirchlich-konfessionellen Charakters verboten". Die öffentliche Ehrung des heiligen Bruders Konrad im Herzen Berlins provozierte die Machthaber derart, dass sie fortan mit Verboten und Gestapo-Methoden die Versammlungsfreiheit gänzlich unterdrückten. Die Feier eines franziskanischen Bruders, eines schlichten Gottesmannes und Menschenfreundes, sorgte dafür, dass das Nazi-Regime seine Maske gänzlich verlor und seine Repressionen offen gegen das Volk richtete. Die folgenden Jahre sollten den Ungeist und die Unmenschlichkeit der „Herrenmenschen" in erschreckender Weise wüten lassen.

# XX.  In aller Welt – Konradskirchen auf vier Kontinenten

Wer sich mitten im hügeligen Niederbayern zwischen Inn und Donau auf schmalen Landstraßen zu Konrads heimischem Hof in Parzham begibt und das Museum im alten Speicher besichtigt, tritt dort vor eine interessante Weltkarte. Nach Kontinenten aufgeteilt zeigt sie, wo sich heute in aller Welt Konradskirchen finden. Die USA sind mit vier *Saint Conrad Churches* vertreten, u. a. in Los Angeles und Pittsburgh, und in der Karibik fügt Puerto Rico zwei weitere hinzu. Südamerika zählt sechs *Iglesias de San Conrado de Parzham* in Chile und eine in Paraguay. In Afrika finden sich fünfzehn Konradskirchen in den ehemaligen deutschen Kolonialgebieten West- und Ostafrikas sowie im Süden des Kontinents: sieben in Südafrika, je zwei in Namibia und Angola, je eine in Kongo, Sambia, Mosambik und Kenia. Hinzu kommt die Kirche und *Paroisse Saint-Conrad* von Befotaka im Süden Madagaskars. Asien und Ozeanien kommen auf sieben Kirchen, die Konrad von Parzham geweiht sind, davon zwei in China sowie je eine in Nordindien, Japan, Indonesien sowie zwei im heutigen Papua-Neuguinea. Europa weist außerhalb Deutschlands vier Konradskirchen in Österreich auf, je eine im italienischen Südtirol, in Frankreich, Holland und Lettland, zwei in Rumänien und drei in ehemals deutschen Gebieten Polens und Russlands (Kaliningrad). In Deutschland selbst werden 105 Kirchen gezählt, die den Pförtnerbruder zum Patron haben, vier davon in Berlin.

Die weltweite Ausstrahlung des heiligen Pförtners hängt stark mit der Missionsgeschichte seiner Ordensprovinz und seiner deutschen Heimat zusammen. Bayerische Kapuziner sind, als Konrad 55-jährig war, nach Pennsylvania aufgebrochen. Kurz vor seinem Tod übernahm die Provinz 1893 auch die Mission Araucanía in Chile und 1917 die Mission in Lettland. Bereits 1856 reisten bayerische Brüder nach Ostindien aus. Diese missionarischen Aufbrüche wurden vom Provinzial koordiniert, der in Altötting wohnte. Konrad dürfte die Entwicklung mit wachem Interesse verfolgt haben, spendete er doch bereits bei seinem Ordenseintritt einen Teil seines Vermögens für die Missionsarbeit. Auch als Pförtner setzte er sich für missionarische Werke ein, sei es den Ludwigs-Missionsverein und den Bonifatiusverein (Bonifatiuswerk) oder das Missionshilfswerk der Benediktiner von St. Ottilien.

Der Aufbruch bayerischer Brüder zur USA-Mission hatte eine dramatische Vorgeschichte, die das Provinzialat in Altötting in Alarmbereitschaft versetzte. Der Kulturkampf, der sich im Gefolge des Ersten Vatikanischen Konzils verschärfte, bedrohte alle Orden in Deutschland mit der Aufhebung. Als sich das Provinzkapitel im September 1872 für vier Tage in Altötting versammelte, standen die Zeichen auf Sturm. Zwei Monate zuvor hatte das „Jesuitengesetz" die Gesellschaft Jesu und die ihnen verwandten Orden im Kaiserreich unterdrückt und ihnen jede Tätigkeit verboten. Der neu gewählte Kapuziner Franz Xaver Kapplmayr, der in Konrads Noviziatszeit das Kloster Laufen geleitet und bereits 1866 bis 1869 als Provinzial in Altötting gelebt hatte, musste seine Provinz in eine dunkle Zukunft führen. Die Bedrohung war derart ernst, dass eine kleine Gruppe bayerischer Brüder im September 1873 nach Nordamerika ausgesandt wurde, um da für den Fall einer Unterdrückung des Ordens in Deutschland eine neue „Herberge" zu suchen, wie der Provinzhistoriker schreibt. Als Pläne des Bundesrates für ein generelles Verbot aller Orden ruchbar wurden, fanden im Kapuzinerkloster Altötting Treffen zwischen dem königlichen Hofbeichtvater und Stiftsprobst Jakob von Türk und Ordensobern statt, um die Verteidigungsstrategie zu erarbeiten. Bruder Konrad dürfte die Herren empfangen haben. Bayerns neuer Vertreter im Bundesrat, Emil Freiherr von Riedel, plädierte in Berlin entschieden gegen die Aufhebung der Kapuziner, Franziskaner und Schulschwestern. Die Gefahr war jedoch damit nicht gebannt, sondern fürs Erste nur hinausgezögert.

Bismarck holte 1875 mit den dritten Maigesetzen in Folge zum definitiven Verbot aller Orden aus, ausgenommen die in der Krankenpflege tätigen. In Altötting mussten die Redemptoristen bereits zuvor als jesuitenähnlicher Orden St. Magdalena verlassen, worauf die Kapuziner sie in der Wallfahrtsseelsorge und im Konvent ablösten. Das generelle Ordensverbot vertrieb die Kapuziner der rheinischen Provinz aus dem preußischen Reichsgebiet ins amerikanische Exil, kam in Bayern aber nicht zur Anwendung. Die bayerische Pioniergründung von Pittsburgh wandelte sich daher vom Brückenkopf einer möglichen Exilierung zum Ausgangspunkt einer neuen pennsylvanischen Kapuzinerprovinz. Deren Aufbau wurde von Altötting aus mit Brüdern und materiell unterstützt. Bis zur Wahl eines eigenen Provinzials im Herbst 1882 war der bayerische Provinzial auch oberster Leiter dieses Projektes. In diesem Jahr nun konnte der Ordensgeneral die erste Kapuzinerprovinz außerhalb Europas errichten, zeitgleich zur zweiten, die sich, von Schweizern gegründet, von New York über Michigan und Wisconsin bis Dakota ausbreitete.

Pittsburgh, Ausgangspunkt und Zentrum der bayerischen Tochterprovinz in den USA, ist ein illustratives Beispiel für den Export des Bruder-Konrad-Kultes. Die ersten Pioniere übernahmen in der Stadt die Augustinus-Pfarrei. Deren Patron bleibt bis heute Schutzpatron der pennsylvanischen *Saint Augustine Province*. Als die Stadtpfarrei 1937 eine neue Kirche bauen musste, weihte sie diese auf den neuen Heiligen der einstigen Mutterprovinz. Die *Saint Conrad Church* von Pittsburgh erinnert mit Namen und Patron an die Wurzeln der ersten amerikanischen Kapuzinerprovinz, deren Gründung und Anfangszeit sich der personellen, materiellen und politischen Unterstützung aus Altötting verdanken. 1977 kam der heilige Konrad in den USA jedoch zu einer weiteren und unvergleichlich größeren Ehre: Konvente der pennsylvanischen Kapuziner formierten sich in Texas, Colorado und Kansas zu einer selbstständigen neuen Provinz, die sich heute als ganze seit vierzig Jahren geografisch *Mid-America* und spirituell *Province of Saint Conrad* nennt.

Zurück nach Altötting, an die Wurzeln und ins Zentrum der Konradverehrung: Auf zwei Konvente verteilt, ihr altes St.-Anna-Kloster unterhalb und St. Magdalena oben am Kapellplatz, bereiten sich die Kapuziner heute auf eine neue Zukunft an Konrads Wirkstätte vor. Sie werden sich auf das ursprüngliche Kloster konzentrieren, das seit 2008 weitgehend neu erbaut nun St. Konrad heißt. Auf den 200. Geburtstag des Heiligen hin wird auch die Klosterkirche künstlerisch ansprechend umgestaltet. Konrads Schrein wird im neuen Altar- und Chorraum noch leichter zugänglich werden. Auch dorthin pilgern viele, nachdem sie das alte Gnadenbild besucht haben. In der reich illustrierten Konrad-Festschrift „Einer von uns", die 2010 erschien, zeigt Br. Georg Greimel an ausgewählten Zeugnissen auf, mit welcher „Bandbreite" Menschen heute „in allen möglichen Anliegen" an den heiligen Bruder herantreten. Einleitend erinnert er an seinen Mitbruder Godehard, der einer Gruppe von Klosterbesuchern sagte, der Heilige lasse sich „immer anrufen", worauf ein Junge gefragt hätte: „Und welche Telefonnummer hat er?"

Eine Zitatsammlung aus heutigen Briefen an den Konvent des Heiligen und Einträgen aus dem dortigen Anliegen-Buch spiegelt das breite Vertrauen moderner Zeitgenossen aus Nah und Fern auf die Fürbitte von Bruder Konrad. Ihn, dem sie am Ziel aller Wege wissen, danken sie für Glück im Stall, für Genesung nach einem landwirtschaftlichen Unfall oder für die lang ersehnte Erfüllung des Kinderwunsches. Hoffnungsvolle Bitten drehen sich um Gesundheit an Leib und Seele. Eine Frau bittet um Schlankheit, damit der Mann sie nicht verlässt, und eine Bäuerin für ein krankes Kalb. Ein Mann sucht Kraft, um das Rauchen zu lassen, andere erhoffen Erleichterung in schwerer Behinderung und Jugendliche Schwung für das kommende Schuljahr. Personen beten um einen Ausweg aus der Schuldenfalle, um „Gerechtigkeit für alle gequälten Tiere", für „alle Bösen und Dummen", „für Natur und Umwelt", für einen verbitterten Sohn, für die verzweifelte Suche eines Ledigen nach einer Partnerin, für eine Familie am Rand des Konkurses, um Versöhnung in einer zerstrittenen Verwandtschaft, einen guten Weg zur Erstkommunion für die Enkel, Rat in familiären Schwierigkeiten und Klarheit vor gravierenden Entscheidungen. Dass der Sohn inneren Halt finde, dass der Lebensgefährte eine Entgleisung verzeihe, dass dem Ehemann das Vorstellungsgespräch glücke und dass ein Baby gut zur

Wie sich im Umgang und im Inneren der Gnadenkapelle vielfältige Dankbarkeit an die Gottesmutter für ihre Fürbitte ausdrückt, so sprechen auch „Ex-voto"-Tafeln im Konradkloster tiefe Dankbarkeit für die Befreiung aus mannigfaltigen Sorgen und Nöten aus. Die liebevoll gemalte Tafel von 1991 aus der Hauptstadt des Freistaates verbindet in ihrem Dank einen nahen Bruder Konrad mit einer erhabenen heiligen Maria.

Welt komme, sind weitere Bitten, die einen lebhaften Eindruck davon vermitteln, was Menschen schon damals als Sorge und Hoffnung an die Klosterpforte Bruder Konrads getragen haben dürften. Der Pförtner bleibt erreichbar und lässt sich nunmehr als heiliger Bruder – ohne Telefon und social media – überall als Fürbitter anrufen. Mit vielfältigsten menschlichen Erfahrungen vertraut, bleibt er für viele Vorbild und Ansporn. Das gilt selbst für einen dankbaren Bischof, der ins aufliegende Anliegen-Buch von St. Konrad notierte:

*Hier wurde ein Stück der Welt durch Gebet, Geduld und Menschenliebe still und unspektakulär verwandelt. Heiliger Bruder Konrad, geistlicher Meister des Alltags, hilf, unser Christsein im Alltag wirksam zu leben.*

# Bruder – Pilger – Freund:
# Ein Brief als Nachwort

Lieber Bruder Konrad,

diese Zeilen entstehen nach einem eindrücklichen Weg. Am Anfang stand ein Brief als Vorwort: geschrieben, nachdem ich einiges über dich gelesen hatte, und noch ohne deine Welt zu kennen. Am Ende steht ein ganz anderer Brief, nachdem ich viele deiner Wege selber gegangen bin. Wer der Lebenswelt eines Menschen „vor Ort" nachspürt, in sie eintritt und mit ihr vertraut wird, liest die Quellen mit allen Sinnen: Worte von dir selber und Zeugnisse über dich lassen sich dabei sehend hören. Deine liebliche Heimat im Rottal lässt sich überblicken und riechen, und die unsichtbare Kraft in Altöttings Gnadenkapelle lässt sich spüren. So blicken diese Zeilen kurz zurück auf ein Buch, das unterwegs in Altbayern und in deiner Lebenswelt entstanden ist.

## Bruder

Was dein ganzes Leben prägt, ist dein Brudersein. Deine Geschwister lehrten dich die Kunst, nicht allein zu leben, sondern den Alltag gemeinsam zu meistern. Schwestern und Brüder, jüngere und ältere, haben dich durch Kindheit und Jugend mit geformt, haben Kostbares mit dir geteilt und dich da und dort auch allein gelassen. Danken wir für die Menschen, die dein und die unser eigenes Leben mitgeformt haben: Gefährten und Gefährtinnen in der Familie und darüber hinaus, nicht ausgewählt, sondern gegeben, die uns wachsen ließen und reifen lassen.– Und Bruder wurdest du als Kapuziner nicht nur deinen Ordensbrüdern, sondern für unzählige Menschen, denen du begegnet bist. Bisweilen waren es Hunderte an einem Tag, für die du offene Augen, freie Hände und flinke Füße hattest – und ein Herz. Dein Leben spricht uns heute in vielfältigen Lebensformen an. Unsere westliche freie Welt baut auf die Grundwerte von Freiheit, Gleichheit und Geschwisterlichkeit. Aufklärung und Französische Revolution haben diese Werte bürgerlich gelesen. Du lebtest sie radikaler! Vom Evangelium inspiriert, warst du frei für jeden Menschen, der dir begegnete, und frei für Gott. Ob Bischof oder Bettlerin, Königin oder Bauernfrau: Die Taufe macht sie alle gleichwertig zu Töchtern und Söhnen Gottes. Geschwister sind alle, die auf Mutter Erde leben – und werden es zutiefst, wenn sie zum himmlischen Vater aufschauen. Seine Liebe kennt keine Grenzen und sein Reich keine Grenzzäune. Du hast diese Wahrheit, mal beglückt und mal bedrängt, im schlichten Alltag gelebt.

## Pilger

*Die erste Hälfte dieses Buches gilt deiner ersten Lebenshälfte und geht deinen Wegen zwischen Donau, Inn und Salzach nach. Elf Kapitel wechseln von einem Ort zum nächsten. An jedem dieser Orte, die dir lieb geworden sind, suchte ich auch die spirituelle Botschaft zu lesen. Wer mag, kann dieses Buch mitnehmen an deine Lebensorte: Es sammelt die wesentlichen Daten und sucht zugleich tiefer zu verstehen, wie sich dein Weg Etappe um Etappe entwickelt hat. Meine Erfahrungen treten mit deinen ins Gespräch – und laden Leserinnen und Leser ein, ihre eigenen Erfahrungen einzubeziehen. Sich mit Geschichte zu beschäftigen ist dann sinnvoll, wenn wir aus dem Geschehenen lernen, in der eigenen Gegenwart ermutigt werden und uns inspirierter für die Zukunft der Welt einsetzen. – Du* hast zunächst als Bauer schollenverbunden und dann als Pförtner ortsgebunden gelebt. Sonntägliche Pilgerwege haben dir im Alltag auf dem Hof die Horizonte geweitet – auch innerlich. Und als Reformfranziskaner bist du – obwohl äußerlich betrachtet ungewöhnlich sesshaft – zutiefst „Pilger und Gast auf Erden" geworden. Deine Briefe an die Geschwister lassen erkennen, auf welche Heimat hin wir ein Leben lang pilgernd unterwegs sind. Am Ende des irdischen Weges ist Ankunft das Ziel und nicht Wiedergeburt, und glückliche Vollendung wird verheißen, nicht eigene Perfektionierung aufgetragen. Damit sprichst du in jede Lebensweise, ermutigst zur Freude an der geschaffenen Welt und zum Weiten der Horizonte über das Alltägliche – und über unsere irdische Lebenszeit hinaus.

## Freund

Die zweite Hälfte des Buches spürt dem tieferen Grund deiner Ausstrahlung nach: deiner zweiten Lebenshälfte, die äußerlich betrachtet klösterlich-sesshaft, unauffällig und wenig spektakulär verlief. Was ließ dich beim Feiern in der Gnadenkapelle, bei aller Arbeit und in zahllosen Begegnungen an der Pforte derart strahlen, dass Menschen dich schon zu Lebzeiten verehrten? Der spätere Papst Pius XII., als Nuntius öfter in Altötting, fasst deine Faszination 1934 in drei Begriffe: „Licht, Ruhe und Feuersglut". Licht fandest du, indem du dich überall in Gottes Gegenwart stelltest. Von klein auf warst du ein Gotteskind, lebtest als Sohn des himmlischen Vaters deinen Alltag und sahst Welt, Menschen und Leben immer inniger in seinem Licht. Das innere Gespräch mit dem Vater im Himmel machte dich zum Gottesfreund. Frucht davon ist eine unerschütterliche Ruhe. Und wo Gäste oder Brüder dich provozierten, reichte der Blick auf das Kind von Betlehem oder den Gekreuzigten, um dich nicht zu unguten Reaktionen hinreißen zu lassen. Deine Ruhe war nicht die von Stoikern, sondern Ausdruck eines inneren Feuers. Du sprichst davon, dass wir wie eine Flamme brennen sollen. Jesus sandte seine Freunde, um Licht und Frieden in die Welt zu bringen, Gebeugte aufzurichten, Gefangene und Um-sich-selbst-Kreisende zu befreien. Dein Leben zeigt dich als leidenschaftlichen Menschenfreund auf den Spuren Jesu, als sein Jünger im Kreis unseres Bruders Franz. Deine schlichte Art, zugleich Gottesfreund und Menschenfreund zu sein, ermutigt wortarm und tatkräftig auch die moderne Welt.

Dein 200. Geburtstag, Bruder Konrad, lässt dich neu zu uns sprechen: als Bruder, Pilger und Freund! Danke für die Botschaft deiner Lebensorte und dein Leben, das so herzhaft teilte und teilt: damals Zeit, Brot und Licht, heute Erfahrungen mit dem „Schatz im Acker" und in einer Menschenliebe, die mit wachen Augen, freien Händen und mutigen Füßen im Alltag handelt.

Altötting, Herbst 2017,

Bruder Niklaus

# Anhang

## Quellen

Matrikelbücher des katholischen Pfarramtes Weng
Archiv der Deutschen Kapuzinerprovinz Provinzialat, Abt. X Fach
162 und Abt 1/2b
Hausarchiv Kloster St. Konrad, Altötting: St. Konrad Abt. I–II
Archiv des Bistums Passau: ABP OA Varia 17 Bruder Konrad, mit
1438 Seiten Akten des Informativprozesses zur Seligsprechung
von Bruder Konrad, April 1914 bis Januar 1915, zudem ABP OA
Varia 17b mit den Akten zur Selig- und Heiligsprechung selbst.
Sacra Rituum Congregatio, *Passaviensis canonizationis B. Conradi
a Parzham laici professi ordinis minorum Capuccinorum: positio-
nes super virtutibus, positiones super miraculis, positio super tuto,*
Rom 1226–1234, in den verschiedenen *Positiones* über Tugenden
und Wunder alle Zeugenaussagen in italienischer Übersetzung.
Pius XI., *Litterae decretales „Paraclitus Spiritus" – Homilia in solem-
ni canonizatione beati Conradi a Parzham,* in *Actes de S.S. Pie XI.
Textes latins et traduction française.* 12, Paris 1939,1–165, 166–170.
Eugenio Pacelli, *Der Heilige Konrad von Parzham,* 1937.

## Literatur

Die vorliegende Biografie nutzt die folgenden geschichtlichen Untersuchungen und biografischen Darstellungen. Ein spezieller
Dank gebührt den Autoren der mit * markierten Werke, auf die
sich dieses Buch eingehend stützt.

*Angelikus Eberl, *Geschichte der Bayerischen Kapuziner-Ordensprovinz*, Freiburg 1902.

Josef Anton Kessler, *Im Dienste Gottes und der Menschen. Ein Lebensbild des Dieners Gottes Konrad Birndorfer von Parzham, Laienbruder aus dem Kapuzinerorden*, München 1928, [4]1937.

Franz Xaver Hoedl, „Birndorfer, Konrad", in: *Neue Deutsche Biographie* 2 (1955), 259–260.

*Heinrich Birndorfer, *Die Familiengeschichte des hl. Bruders Konrad*: in: *Heimat zwischen Inn und Rott* (= Simbacher Heimathefte Jg. 12) 1965, 151–162.

*Alois Winklhofer, *Der heilige Bruder Konrad von Parzham*, Regensburg 1979.

Georg Bergmann, *Bruder Konrad. Ein Leben im Lichte des Kreuzes*, Altötting 1984.

*Gaudentius Walser, *Der heilige Bruder Konrad 1818–1894*, Altötting 1984.

Karl Kleiner, *Bruder Konrad und Altötting*, Würzburg 1984.

Reinhard Sasowski, *Ein ungewöhnliches Leben. Das Leben des Bruder Konrad von Parzham für Gott, bei den Menschen*, Passau 1993.

*Karl Kleiner, *Bruder Konrad 1818–1894*, hg. vom Provinzialat der Bayerischen Kapuziner, München 1994.

*Herbert W. Wurster (Hg.), *In Gott verwurzelt, den Menschen verpflichtet: Hl. Bruder Konrad von Parzham*. Vorträge auf der Studientagung der Arbeitsgemeinschaft für Erwachsenenbildung in der Diözese Passau am 19. 3. 1994 im Bruder-Konrad-Hof zu Parzham, Passau [2]1994.

Max Huber, *Bruder Konrad von Parzham. In Gott verwurzelt – den Menschen nah*, Regensburg 2007.

*Kapuzinerkloster St. Konrad, Altötting – Festschrift*, red. von Georg Greimel, Altötting 2008.

*Einer von uns: Bruder Konrad von Parzham. Begegnung mit einem Heiligen*, hg. von Werner Friedenberger, Passau 2010.

Die Altöttinger Stiftspfarrkirche St. Philippus und Jakobus, hg. von der Katholischen Kirchenstiftung, Altötting 2010 (mit der religiösen Ortsgeschichte der Stadt).

*Erhard Karl, Altöttinger Lesebuch. Fundstücke und Hintergründe zur Altöttinger Heimat- und Wallfahrtsgeschichte, St. Ottilien 2014.

Sebastian Mayer, Der hl. Bruder Konrad von Parzham. Eine Bibliographie zu Leben, Verehrung und Ikonographie, Winhöring 2014 (Staatsbibliothek München; Provinzarchiv der Kapuziner in Altötting).

*Karl Kleiner, Bruder Konrad. Das Leben eines Heiligen, München (2015).

## Bildnachweis

S. 15    Der Venushof in Parzham: Foto vom Sommer 2017, © Niklaus Kuster

S. 21    Taufgeschirr der Kirche St. Wolfgang, Pfarrei Weng, Foto © Niklaus Kuster

S. 28    Pfarrkirche und altes Schulhaus von Weng im Sommer 2017, Foto © Niklaus Kuster

S. 34    Wallfahrtskirche St Anna bei Ering am Inn im Sommer 2017, Foto © Niklaus Kuster

S. 39    Ex Voto-Tafel in der Leonhardskirche von Aigen am Inn, Foto © Niklaus Kuster

S. 40    Pfrundhaus und Konradbrunnen in Aigen am Inn im Sommer 2017, Foto © Niklaus Kuster

S. 46    Matthäus Merian – Martin Zeiller, Topographia Bavariae, Frankfurt am Main 1644, 62–66 mit Tafel: Buchausgabe in der Provinzbibliothek Kapuzinerkloster Luzern.

S. 50    Altöttings Kapellplatz: Illustration aus der Familien-Zeitschrift „Die Gartenlaube" 34 (1886) 628

*Quellen der Farbtafeln in der Mittel des Buches*

Aquarelle von Rosemary Dorner-Weise (1983)
© Deutsche Kapuzinerprovinz und Kapuzinerkloster Altötting